# TALLER THE LEADERSHIP CHALLENGE®

# CUADERNO DE LOS PARTICIPANTES

**Quinta edición**

James M. Kouzes y Barry Z. Posner

THE LEADERSHIP CHALLENGE®
A Wiley Brand

Publicado por The Leadership Challenge®
Una marca de Wiley
One Montgomery Street, Suite 1000
San Francisco, CA 94104-4594
www.leadershipchallenge.com

ISBN: 978-1-1195-6044-9

Director de Marca, The Leadership Challenge: William Hull
Gerente de Marca, The Leadership Challenge: Marisa Kelley
Editora de Desarrollo: Susan Monet
Editora de Producción: Dawn Kilgore
Editora: Rebecca Taff
Supervisora de Fabricación: Becky Morgan
Diseño: izles design

Impresión 10 9 8 7 6 5 4 3 2 1

# ÍNDICE

# Bienvenido

## EL LIDERAZGO ES ASUNTO DE TODOS

En el mundo de hoy, hay innumerables oportunidades de marcar la diferencia. Hay oportunidades de restaurar la esperanza y renovar el significado en nuestra vida. Oportunidades de reconstruir un sentido de comunidad y aumentar la comprensión entre diversos individuos. Oportunidades de convertir la información en conocimiento y mejorar el estándar de vida colectivo. Oportunidades de aplicar el conocimiento a los productos y servicios, y así crear un valor extraordinario para el cliente. Oportunidades de buscar la paz cuando tantos hacen la guerra. Oportunidades de usar las herramientas de la tecnología para tejer una red de conexiones humanas. Oportunidades de encontrar un equilibrio en nuestra vida que no para nunca, las 24 horas del día, los 7 días de la semana, los 365 días del año. Oportunidades de dar dirección y apoyo en inciertos momentos.

Como existió siempre en todos los momentos de cambio e incertidumbre, existe la necesidad de que la gente aproveche estas oportunidades y nos lleven a la grandeza. Existe la necesidad de que los líderes nos inspiren a soñar, a participar y a perseverar. El taller *The Leadership Challenge®* le ofrece la oportunidad de hacer exactamente eso: tomar la iniciativa, aprovechar las oportunidades y marcar la diferencia.

## Bienvenido a bordo, ¡que se divierta!

**JIM KOUZES Y BARRY POSNER**

Desde 1982, cuando comenzamos nuestra investigación, tenemos la suerte de escuchar y leer historias de miles de hombres y mujeres comunes que han liderado a otras personas para lograr cosas extraordinarias. Las historias que recopilamos no son de los políticos famosos o CEO corporativos que suelen obtener el crédito. No son de las celebridades de los medios o de emprendedores legendarios.

Las personas que estudiamos son sus vecinos, sus colegas y sus amigos. Personas como usted. Esas elecciones son intencionales. Sin ellos —y sin usted— nunca se hubiera hecho nada grandioso. Y, si hay una lección que aprendimos sobre liderazgo de todos esos casos que recopilamos, es esta: **el liderazgo es asunto de todos**.

Esa es la verdad que sienta las bases del *taller The Leadership Challenge*®. Esa es la verdad en la que se basa la selección de historias que contamos, los ejemplos que damos y las actividades que organizamos. Sabemos que usted puede aprender a ser un mejor líder y sabemos que puede marcar una diferencia incluso más positiva que la que está marcando ahora.

Querer liderar y creer que puede liderar son los puntos de partida del camino al desarrollo del liderazgo. Salir y explorar el territorio, sin embargo, es la única manera de aprender, y así es como hemos diseñado el *taller The Leadership Challenge*®. Es un viaje de autodescubrimiento que comienza con una expedición a su terreno interno y termina con su compromiso a guiar a otros en el camino hacia la distinción.

● ● ● ● ● ● ● ● ● ● ● ● ● ● ● ● ● ● ●

"Nuestra fortaleza como seres humanos y líderes no tiene nada que ver con nuestro aspecto. En cambio, tiene todo que ver con lo que sentimos y lo que pensamos de nosotros mismos...
El liderazgo es aplicable a todas las facetas de la vida".

**VERONICA GUERRERO,
WINNING EDGE RESEARCH**

# ORIENTACIÓN

# Gerentes vs. líderes

## DEFINICIÓN DE GERENTE

gerente

—*sustantivo*

1. La palabra 'gerente' viene del verbo 'gestionar'. Los gerentes gestionan, administran, cosas: presupuestos, pronósticos, cronogramas, etc. Tienen los ojos puestos en el hoy.

*Formas relacionadas: gerencia, sustantivo*

## DEFINICIÓN DE LÍDER

líder

—*sustantivo*

1. La palabra 'líder' viene del verbo 'liderar', que significa 'dirigir, guiar, conducir'. Implica un movimiento hacia un nuevo destino. Los ojos del líder están puestos en el futuro y en el presente. De modo que liderar se trata de ir hacia algún lado, y sobre guiar a las personas en un camino.

*Formas relacionadas: liderazgo, sustantivo*

# Preparación para el viaje

Todos estamos camino a otro lugar. Todos estamos en camino hacia un mundo diferente llamado "el futuro".

Pero no viajamos solos. Debemos trabajar con los demás para que nuestros sueños se hagan realidad. El taller *The Leadership Challenge®* se trata de cómo los líderes ven, inspiran y logran. También es sobre cómo podemos soltar al líder que llevamos dentro.

Acompáñenos en el viaje por el camino del líder. Acompáñenos a explorar cómo los líderes logran cosas maravillosas en las organizaciones.

Esta sección se llama Orientación, como el deporte que se conoce como "la carrera a campo traviesa de la persona pensante". En orientación, los participantes usan un mapa y una brújula para marcar el mejor camino y el más rápido a través de un territorio desconocido.

El liderazgo se parece mucho a ese deporte. De usted se espera que busque un camino en lo desconocido y ayude a otros a encontrar el suyo. Al igual que en ese deporte, no hay espectadores en el liderazgo. Todos tienen un papel importante que desempeñar en el trazado del mapa que nos lleva al éxito.

# Principios básicos

- El liderazgo es asunto de todos.

- El liderazgo es una relación.

- El desarrollo del liderazgo es un desarrollo personal.

- Los mejores líderes son los mejores aprendices.

- El desarrollo del liderazgo no es un suceso: es un proceso continuo.

- Lleva práctica —práctica deliberada— convertirse en un mejor líder.

- El liderazgo es una aspiración y una elección.

- Los líderes marcan la diferencia.

● ● ● ● ● ● ● ● ● ● ●

**❝ A todos se les presentan oportunidades de liderazgo... Lo que marca la diferencia entre ser líder y no serlo es cómo responde a ese momento❞ .**

**MICHELE GOINS,**
DIRECTOR DE SISTEMAS DE INFORMACIÓN
(CIO) DE HEWLETT–PACKARD'S
IMAGING AND PRINTING GROUP

# Si entrara alguien en esta sala ahora mismo y dijera:

# "Hola, soy su nuevo líder".

¿qué preguntas quisieran hacerle a esa persona?

**Pista**: Mire la página 180.

# Objetivos del taller

Como resultado de su participación en el *taller The Leadership Challenge®*, podrá hacer lo siguiente::

- Identificar sus fortalezas y debilidades de liderazgo.

- Aclarar y comunicar sus valores y convicciones fundamentales.

- Dar el ejemplo con acciones coherentes con los valores compartidos.

- Expresar su imagen del futuro.

- Inspirar a los demás a que compartan una visión en común.

- Buscar oportunidades para cambiar y mejorar.

- Experimentar con ideas nuevas y aprender de los errores que se cometen en el camino.

- Promover la colaboración, el trabajo en equipo y la confianza.

- Fortalecer la capacidad de los demás para superarse.

- Reconocer los logros de los demás.

- Aplicar las lecciones aprendidas en el taller a un desafío actual de la organización.

## Mis objetivos:

-------------------------------------------------------------

.............................................................

-------------------------------------------------------------

.............................................................

-------------------------------------------------------------

## OBJETIVOS DEL MÓDULO "ORIENTACIÓN"

- Mencionar y describir las cinco prácticas del líder ejemplar (The Five Practices of Exemplary Leadership®).

- Usar sus opiniones del inventario de prácticas de liderazgo *(LPI: Leadership Practices Inventory)* para identificar los comportamientos de liderazgo en los que es fuerte y en los que necesita trabajar para ser más eficaz.

---

**POR FAVOR: NO USE SU TELÉFONO CELULAR, VUELVA A TIEMPO DE LOS DESCANSOS Y ESCUCHE CUANDO HABLAN LOS DEMÁS.**

# La mejor experiencia personal de liderazgo

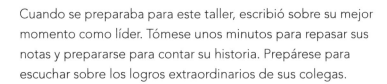

Cuando se preparaba para este taller, escribió sobre su mejor momento como líder. Tómese unos minutos para repasar sus notas y prepararse para contar su historia. Prepárese para escuchar sobre los logros extraordinarios de sus colegas.

**Cuando escuche las historias de sus colegas, piense: ¿qué comportamientos, acciones y actitudes parecen ser la clave de su éxito de liderazgo?**

- - - - - - - - - - - - - - - - - - - - - - - - - - - - - - - - - -

. . . . . . . . . . . . . . . . . . . . . . . . . . . . . . . . . . . . . . .

- - - - - - - - - - - - - - - - - - - - - - - - - - - - - - - - - -

. . . . . . . . . . . . . . . . . . . . . . . . . . . . . . . . . . . . . . .

- - - - - - - - - - - - - - - - - - - - - - - - - - - - - - - - - -

. . . . . . . . . . . . . . . . . . . . . . . . . . . . . . . . . . . . . . .

**¿Qué prácticas, acciones, comportamientos o temas tienen todas esas historias en común?**

- - - - - - - - - - - - - - - - - - - - - - - - - - - - - - - - - -

. . . . . . . . . . . . . . . . . . . . . . . . . . . . . . . . . . . . . . .

- - - - - - - - - - - - - - - - - - - - - - - - - - - - - - - - - -

. . . . . . . . . . . . . . . . . . . . . . . . . . . . . . . . . . . . . . .

- - - - - - - - - - - - - - - - - - - - - - - - - - - - - - - - - -

. . . . . . . . . . . . . . . . . . . . . . . . . . . . . . . . . . . . . . .

# Las cinco prácticas de los líderes ejemplares (The Five Practices of Exemplary Leadership®)

¿Cómo hace que la gente lo siga con gusto, en especial, cuando se dirige a un territorio desconocido? ¿Cómo moviliza a otras personas a avanzar juntas con un fin en común? ¿Cómo hace que otros quieran lograr cosas extraordinarias?

Entrevistamos a más de quinientas personas, analizamos más de doce mil estudios de caso y estudiamos más de un millón de cuestionarios de encuesta para averiguar qué hacen los líderes para convertirse en líderes cuando tienen su mejor desempeño.

Estudiando los momentos en los que los líderes tuvieron su mejor desempeño personal, pudimos identificar las cinco prácticas comunes a la mayoría de los logros de liderazgo extraordinarios.

## Cuando los líderes están en su mejor momento:

1. Modelan el camino

2. Inspiran una visión compartida

3. Desafían el proceso

4. Habilitan a los demás para que actúen

5. Alientan el corazón

# EL LIDERAZGO ES...

"EL ARTE DE movilizar a otros PARA QUE quieran ESFORZARSE PARA lograr las aspiraciones compartidas".

—JIM KOUZES Y BARRY POSNER

# Las cinco prácticas de los líderes ejemplares (The Five Practices of Exemplary Leadership®)

## 1. MODELAR EL CAMINO

- Venza los nervios y afirme los ideales compartidos para aclarar los valores.

- Dé el ejemplo con acciones que sean coherentes con los valores compartidos.

## 2. INSPIRAR UNA VISIÓN COMPARTIDA

- Visualice el futuro imaginando posibilidades ennoblecedoras que lo entusiasmen.

- Consiga que los demás tengan una visión en común apelando a las aspiraciones compartidas.

## 3. DESAFIAR EL PROCESO

- Busque oportunidades tomando la iniciativa y mirando hacia afuera para buscar formas innovadoras de mejorar.

- Experimente y asuma riesgos para generar pequeños triunfos y aprendizajes sistemáticamente a partir de la experiencia.

# 4. HABILITAR A LOS DEMÁS PARA QUE ACTÚEN

- Promueva la colaboración generando confianza y facilitando las relaciones.

- Fortalezca a los demás aumentando la autodeterminación y desarrollando la competencia.

# 5. ALENTAR EL CORAZÓN

- Reconozca las contribuciones demostrando aprecio por la excelencia individual.

- Celebre los valores y las victorias creando un espíritu de comunidad.

# El inventario de prácticas de liderazgo (Leadership Practices Inventory, LPI)

LPI®: Leadership Practices Inventory®

JAMES M. KOUZES & BARRY Z. POSNER

Individual Feedback Report

Prepared for Amanda Lopez | May 1, 2017
LPI Sample Report

## ¿Qué significan las puntuaciones?

- El LPI se elaboró para validar las conclusiones de los casos de estudio de mejor experiencia de liderazgo de Jim Kouzes y Barry Posner. Los datos de la investigación muestran sistemáticamente que los líderes que tienen estos comportamientos medidos por el LPI son más eficaces y exitosos que los que no.

- El LPI tiene treinta afirmaciones de comportamientos, seis para cada una de las cinco prácticas. Usted y sus observadores indicaron con qué frecuencia tenían esos comportamientos en una escala del 1, que significa "casi nunca" al 10, que significa "casi siempre".

- El LPI proporciona información sobre usted y las percepciones de sus observadores de sus comportamientos de liderazgo; no evalúa su IQ, su estilo de liderazgo, su capacidad de gestión ni lo evalúa personalmente.

- Según la investigación, aumentar la frecuencia en la que tiene estos comportamientos medidos por el LPI —en otras palabras, las cinco prácticas— lo convertirá en un líder más eficaz.

**Para obtener más información sobre la investigación, visite www.leadershipchallenge.com/go/research.**

----------------------------------------

..........................................

----------------------------------------

..........................................

----------------------------------------

# ¿Qué significan las puntuaciones?

Nuestra investigación ha demostrado que, cuanto más alta sea su puntuación en el LPI-Observador, quiere decir que los otros más lo perciben como líder con las siguientes características:

- Un mayor grado de credibilidad personal.

- Eficaz para satisfacer las exigencias relacionadas con el trabajo.

- Capaz de aumentar los niveles de motivación.

- Capaz de representar satisfactoriamente a su grupo con los altos directivos.

- Tiene un equipo de alto desempeño.

- Fomenta lealtad y compromiso.

- Reduce el ausentismo y la rotación, y reduce los niveles de estrés.

Además, los que trabajan con usted se sienten considerablemente más satisfechos con sus prácticas y estrategias, más comprometidos y más fuertes e influyentes.

# Resumen de la información de las cinco prácticas

En esta página se resumen sus respuestas del LPI para cada práctica de liderazgo. La columna Personal muestra el total de sus propias respuestas a las seis afirmaciones de comportamientos sobre cada práctica. Las columnas de Observadores individuales muestran el total de las seis respuestas para la práctica de cada observador. La columna PROM. muestra el promedio de todas las respuestas totales de sus observadores. Las respuestas totales para cada práctica pueden oscilar entre 6 y 60, número que representa la suma de las puntuaciones de las respuestas (entre 1, casi siempre, y 10, casi nunca) para cada una de las seis afirmaciones de comportamiento relacionadas con esa práctica.

| | PERSONAL | PROM. | OBSERVADORES INDIVIDUALES | | | | | | | | |
|---|---|---|---|---|---|---|---|---|---|---|---|
| | | | G1 | D1 | D2 | D3 | D4 | C1 | C2 | C3 | O1 |
| Modelar el camino | 53 | **45,8** | 51 | 51 | 55 | 50 | 25 | 47 | 42 | 45 | 46 |
| Inspirar una visión compartida | 45 | **45,2** | 47 | 49 | 48 | 54 | 31 | 45 | 42 | 42 | 49 |
| Desafiar el proceso | 54 | **49,2** | 49 | 54 | 58 | 54 | 29 | 48 | 51 | 44 | 56 |
| Habilitar a los demás para que actúen | 53 | **49,0** | 50 | 49 | 56 | 54 | 32 | 48 | 47 | 51 | 54 |
| Alentar el corazón | 39 | **40,6** | 47 | 36 | 35 | 47 | 26 | 49 | 38 | 39 | 48 |

G: gerente   D: empleado directo   C: compañero de trabajo   O: otros   P: personal   PROM.: promedio de todas las respuestas de observadores

ORIENTACIÓN | PÁGINA 19

# Gráficos de barras de las cinco prácticas

Estos gráficos de barras, un conjunto por cada práctica de liderazgo, proporcionan una representación gráfica de los datos numéricos registrados en la página de Resumen de la información de las cinco prácticas. Muestra la respuesta total por práctica para Personal y el promedio total para cada categoría de Observador. 'Promedio' se refiere al promedio de todas las categorías de observadores (incluido el gerente). Las respuestas totales pueden oscilar entre 6 y 60, número que representa la suma de las puntuaciones de las respuestas (entre 1, casi siempre, y 10, casi nunca) para cada una de las seis afirmaciones de comportamientos relacionadas con esa práctica.

### Modelar el camino

| | |
|---|---|
| PERSONAL | 53 |
| PROMEDIO | 45,8 |
| GERENTE | 51,0 |
| EMPLEADO DIRECTO | 45.3 |
| COMPAÑERO DE TRABAJO | 44.7 |
| OTROS | 46,0 |

### Inspirar una visión compartida

| | |
|---|---|
| PERSONAL | 45 |
| PROMEDIO | 45,2 |
| GERENTE | 47,0 |
| EMPLEADO DIRECTO | 45,5 |
| COMPAÑERO DE TRABAJO | 43,0 |
| OTROS | 49,0 |

### Desafiar el proceso

| | |
|---|---|
| PERSONAL | 54 |
| PROMEDIO | 49,2 |
| GERENTE | 49,0 |
| EMPLEADO DIRECTO | 48,8 |
| COMPAÑERO DE TRABAJO | 47,7 |
| OTROS | 56,0 |

###  Habilitar a los demás para que actúen

| | |
|---|---|
| PERSONAL | 53 |
| PROMEDIO | 49,0 |
| GERENTE | 50,0 |
| EMPLEADO DIRECTO | 47,8 |
| COMPAÑERO DE TRABAJO | 48,7 |
| OTROS | 54,0 |

###  Alentar el corazón

| | |
|---|---|
| PERSONAL | 39 |
| PROMEDIO | 40,6 |
| GERENTE | 47,0 |
| EMPLEADO DIRECTO | 36,0 |
| COMPAÑERO DE TRABAJO | 42,0 |
| OTROS | 48,0 |

## Resumen de información de "Modelar el camino"

- Venza los nervios y afirme los ideales compartidos para aclarar los valores.
- Dé el ejemplo con acciones que sean coherentes con los valores compartidos.

Esta página muestra las respuestas para cada uno de los seis comportamientos de liderazgo relacionados con esta práctica. La columna Personal muestra las respuestas que dio sobre usted mismo para cada comportamiento. La columna PROM. muestra los promedios de las respuestas de sus observadores. Las columnas de Observadores individuales muestran la respuesta de cada observador sobre cada comportamiento. Las respuestas pueden oscilar entre 1, casi nunca, y 10, casi siempre.

| | PERSONAL | PROM. | G1 | D1 | D2 | D3 | D4 | C1 | C2 | C3 | O1 |
|---|---|---|---|---|---|---|---|---|---|---|---|
| 1. Predica con el ejemplo en cuanto a lo que espera de los demás. | 10 | 8,7 | 10 | 10 | 10 | 9 | 5 | 8 | 8 | 8 | 10 |
| 6. Se asegura de que las personas adhieran a principios y las normas que se han acordado. | 9 | 8,1 | 8 | 9 | 10 | 8 | 4 | 9 | 8 | 8 | 9 |
| 11. Cumple las promesas y los compromisos que hace. | 10 | 9,0 | 10 | 9 | 10 | 10 | 6 | 8 | 8 | 10 | 10 |
| 16. Pide opiniones y comentarios sobre cómo sus acciones afectan el desempeño de otros. | 7 | 5,0 | 7 | 6 | 7 | 6 | 1 | 5 | 5 | 5 | 3 |
| 21. Crea consenso en cuanto a un conjunto de valores en común para dirigir nuestra organización. | 9 | 7,4 | 8 | 8 | 9 | 9 | 5 | 9 | 6 | 7 | 6 |
| 26. Es claro sobre su filosofía de liderazgo. | 8 | 7,6 | 8 | 9 | 9 | 8 | 4 | 8 | 7 | 7 | 8 |

| ESCALA DE RESPUESTAS | 1-Casi nunca | 3-Pocas veces | 5-Ocasionalmente | 7-Con bastante frecuencia | 9-Con mucha frecuencia |
|---|---|---|---|---|---|
| | 2-Rara vez | 4-De vez en cuando | 6-A veces | 8-Usualmente | 10-Casi siempre |

G: gerente   D: empleado directo   C: compañero de trabajo   O: otros   P: personal   PROM.: promedio de todas las respuestas de observadores

## Gráficos de barras de "Modelar el camino"

- Venza los nervios y afirme los ideales compartidos para aclarar los valores.
- Dé el ejemplo con acciones que sean coherentes con los valores compartidos.

El conjunto de gráficos de barras para cada uno de los seis comportamientos de liderazgo relacionados con esta práctica proporciona una representación gráfica del promedio de respuestas suyas y de sus observadores para ese comportamiento. Muestra la respuesta por comportamiento para Personal y el promedio para cada categoría de Observador. 'Promedio' se refiere al promedio de todas las categorías de observadores (incluido el gerente). Las respuestas pueden oscilar entre 1, casi nunca, y 10, casi siempre.

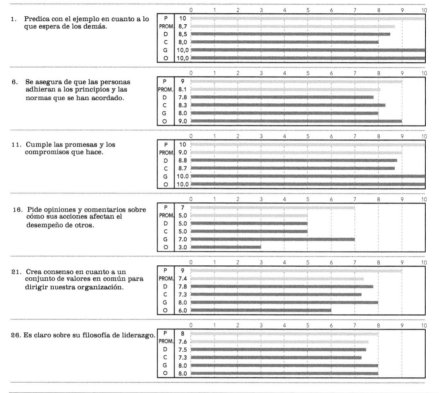

1. Predica con el ejemplo en cuanto a lo que espera de los demás.

| | |
|---|---|
| P | 10 |
| PROM. | 8,7 |
| D | 8,5 |
| C | 8,0 |
| G | 10,0 |
| O | 10,0 |

6. Se asegura de que las personas adhieran a los principios y las normas que se han acordado.

| | |
|---|---|
| P | 9 |
| PROM. | 8.1 |
| D | 7.8 |
| C | 8.3 |
| G | 8.0 |
| O | 9.0 |

11. Cumple las promesas y los compromisos que hace.

| | |
|---|---|
| P | 10 |
| PROM. | 9.0 |
| D | 8.8 |
| C | 8.7 |
| G | 10.0 |
| O | 10.0 |

16. Pide opiniones y comentarios sobre cómo sus acciones afectan el desempeño de otros.

| | |
|---|---|
| P | 7 |
| PROM. | 5.0 |
| D | 5.0 |
| C | 5.0 |
| G | 7.0 |
| O | 3.0 |

21. Crea consenso en cuanto a un conjunto de valores en común para dirigir nuestra organización.

| | |
|---|---|
| P | 9 |
| PROM. | 7.4 |
| D | 7.8 |
| C | 7.3 |
| G | 8.0 |
| O | 6.0 |

26. Es claro sobre su filosofía de liderazgo.

| | |
|---|---|
| P | 8 |
| PROM. | 7.6 |
| D | 7.5 |
| C | 7.3 |
| G | 8.0 |
| O | 8.0 |

| **ESCALA DE RESPUESTAS** | 1-Casi nunca | 3-Pocas veces | 5-Ocasionalmente | 7-Con bastante frecuencia | 9-Con mucha frecuencia |
|---|---|---|---|---|---|
| | 2-Rara vez | 4-De vez en cuando | 6-A veces | 8-Usualmente | 10-Casi siempre |

G: gerente   D: empleado directo   C: compañero de trabajo   O: otros   P: personal   PROM.: promedio de todas las respuestas de observadores

ORIENTACIÓN | PÁGINA **22**

## MÁS FRECUENTE

| | PRÁCTICA | PERSONAL | PROM. +/- | G +/- |
|---|---|---|---|---|
| **14.** Trata a los demás con dignidad y respeto. | Habilitar | 10 | 9,6 | 10,0 |
| **11.** Cumple las promesas y los compromisos que hace. | Modelar | 10 | 9,0 | 10,0 |
| **3.** Busca oportunidades estimulantes que pongan a prueba sus propias destrezas y habilidades. | Desafiar | 10 | 8,9 | 9,0 |
| **1.** Predica con el ejemplo en cuanto a lo que espera de los demás. | Modelar | 10 | 8,7 | 10,0 |
| **2.** Habla sobre tendencias futuras que afectarán la manera de hacer nuestro trabajo | Inspirar | 10 | 8,6 | 10,0 |
| **23.** Identifica hitos medibles que ayudan a mantener el avance de los proyectos. | Desafiar | 10 | 8,4 – | 7,0 – |
| **28.** Toma la iniciativa para anticipar y responder ante los cambios. | Desafiar | 9 | 8,4 | 9,0 |
| **4.** Forja relaciones de cooperación entre las personas con las que trabaja. | Habilitar | 8 | 8,4 | 8,0 |
| **9.** Escucha atentamente los distintos puntos de vista. | Habilitar | 9 | 8,2 | 9,0 |
| **13.** Busca dinámicamente maneras innovadoras de mejorar lo que hacemos | Desafiar | 8 | 8,2 | 8,0 |
| **24.** Da mucha libertad y posibilidad de elección para que los demás decidan cómo hacer su trabajo. | Habilitar | 10 | 8,1 – | 9,0 |
| **6.** Se asegura de que las personas adhiera a los principios y las normas que se han acordado. | Modelar | 9 | 8,1 | 8,0 |
| **8.** Reta a las personas a que prueben formas nuevas e innovadoras de hacer su trabajo. | Desafiar | 9 | 7,9 | 8,0 |
| **19.** Involucra a las personas en las decisiones que afectan directamente su desempeño laboral. | Habilitar | 8 | 7,9 | 8,0 |
| **22.** Describe la visión general de lo que aspiramos a lograr. | Inspirar | 6 | 7,9 + | 8,0 + |
| **7.** Describe una imagen atractiva de cómo podría ser el futuro. | Inspirar | 7 | 7,8 | 8,0 |
| **26.** Es claro sobre su filosofía de liderazgo. | Modelar | 8 | 7,6 | 8,0 |
| **21.** Crea consenso en cuanto a un conjunto de valores en común para dirigir nuestra organización. . | Modelar | 9 | 7,4 – | 8,0 |
| **30.** Se involucra personalmente para reconocer a las personas y celebra sus logros. | Animar | 8 | 7,4 | 8,0 |
| **18.** Pregunta "¿Qué podemos aprender?" cuando las cosas no salen como esperábamos. | Desafiar | 8 | 7,3 | 8,0 |
| **17.** Muestra a los demás cómo sus intereses a largo plazo se pueden materializar si se integran en una visión en común. | Inspirar | 7 | 7,3 | 8,0 |
| **27.** Habla con convicción genuina sobre el mayor significado y propósito de nuestro trabajo. | Inspirar | 6 | 7,2 | 7,0 |
| **5.** Elogia a las personas cuando hacen bien su trabajo. | Animar | 6 | 7,1 | 8,0 + |
| **15.** Se asegura de que las personas sean reconocidas de forma creativa por sus aportes al éxito de nuestros proyectos. | Animar | 5 | 7,1 + | 8,0 + |
| **10.** Se empeña en transmitir a las personas que confía en sus habilidades. | Animar | 9 | 7,0 | 7,0 - |
| **29.** Garantiza que crezcan en sus trabajos mediante el aprendizaje de nuevas destrezas y el desarrollo personal. | Habilitar | 8 | 6,8 | 6,0 - |
| **12.** Insta a los demás a que compartan un sueño que los entusiasme sobre el futuro. | Inspirar | 9 | 6,4 – | 6,0 – |
| **20.** Reconoce públicamente a las personas que ejemplifican el compromiso con los valores compartidos. | Animar | 5 | 6,0 | 8,0 + |
| **25.** Cuenta historias alentadoras sobre el buen trabajo de otras personas. | Animar | 6 | 5,9 | 8,0 + |
| **16.** Pide opiniones y comentarios sobre cómo sus acciones afectan el desempeño de otros. | Modelar | 7 | 5,0 – | 7,0 |

## MENOS FRECUENTE

ORIENTACIÓN | PÁGINA 23

# Clasificación por percentiles

Los líderes y observadores que formaron la base de datos de LPI incluyen una combinación de hombres y mujeres de todos los niveles, de todos los tipos de organizaciones y de todo el mundo. En esta página se comparan sus respuestas personales y las de sus observadores con todas las respuestas de observadores para otros líderes que realizaron el LPI. Las líneas horizontales en los percentiles 30 y 70 dividen el gráfico en tres segmentos, que se aproximan a una distribución normal de puntuaciones. Cada línea del gráfico muestra en qué percentil cae su respuesta personal o la respuesta de una categoría de observador para cada práctica. Por ejemplo, si su puntuación personal para Modelar el camino está en el percentil 50, la mitad de los líderes en esa base de datos tuvieron una mejor calificación por parte de sus observadores en la práctica y la otra mitad tuvo una puntuación menor.

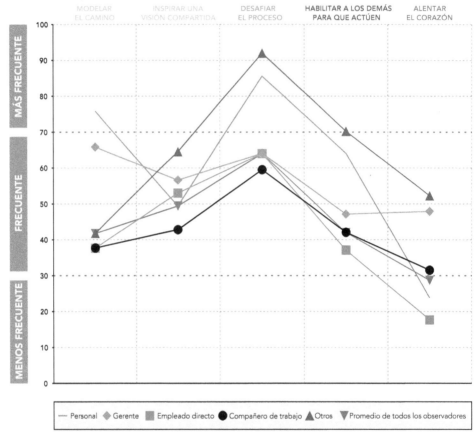

# Reflexiones sobre sus opiniones del LPI

- No hay una puntuación "buena" o "mala". Las puntuaciones del LPI son una visión objetiva y actual de sus comportamientos de liderazgo: oportunidades para que se sienta más cómodo y diestro como líder.

- Busque mensajes en los datos, no números. Pregúntese: "¿Qué intentan decirme sobre mis comportamientos de liderazgo?".

- Asuma su responsabilidad personal por las puntuaciones. Recuerde que el propósito es identificar lo que puede hacer para mejorar como líder.

- No trate de descifrar quién será D1 o C3. En cambio, concéntrese en los mensajes.

- No se sorprenda si un observador le da una puntuación considerablemente menor en la mayoría de las prácticas, o en todas: ese observador probablemente no lo vea participando en los comportamientos de la práctica con mucha frecuencia.

**Qué debe tener en cuenta cuando analiza su informe sobre el LPI.**

**1.** **¿Qué nota sobre las opiniones?** ¿Qué lo sorprende? ¿Qué lo complace?

-------------------------------------------------

.................................................

-------------------------------------------------

.................................................

**2.** **¿Hay algo que lo confunda?** ¿Algo que lo decepcione o disguste?

-------------------------------------------------

.................................................

-------------------------------------------------

.................................................

-------------------------------------------------

**3.** ¿Cómo se relaciona lo que observa en las opiniones con lo que aprendió de las historias de mejores momentos personales de usted y de sus colegas?

-------------------------------------------------

.................................................

-------------------------------------------------

.................................................

-------------------------------------------------

.................................................

**Mire rápidamente su informe. En este espacio, anote sus reacciones iniciales y primeras impresiones.**

**4.** Compare las puntuaciones personales con las de sus observadores.

Práctica en la que hubo más acuerdo:

------------------------------------------------

Práctica en la que hubo más desacuerdo:

------------------------------------------------

**5.** Compare las respuestas de sus observadores entre sí:

Práctica en la que hubo más acuerdo:

------------------------------------------------

Práctica en la que hubo más desacuerdo:

------------------------------------------------

**6.** ¿Cómo explica las diferencias entre las puntuaciones que puso usted y las que pusieron sus observadores? ¿Y entre las puntuaciones que pusieron los distintos observadores?

------------------------------------------------
................................................
- - - - - - - - - - - - - - - - - - - - - - - - 
................................................
- - - - - - - - - - - - - - - - - - - - - - - - 
................................................

**Haga una lista de los seis comporta-mientos (los puntos 1 a 30 de la página de clasificación de compor-tamientos de liderazgo) en los que se dio la puntuación más alta, lo cual indica que tiene esos compor-tamientos con más frecuencia.**

Comportamiento:

- - - - - - - - - - - - - - - - - - - - - - - - - - - - - - - - - - - - - -

· · · · · · · · · · · · · · · · · · · · · · · · · · · · · · · · · · · · · · ·

Práctica:

- - - - - - - - - - - - - - - - - - - - - - - - - - - - - - - - - - - - - -

Comportamiento:

- - - - - - - - - - - - - - - - - - - - - - - - - - - - - - - - - - - - - -

· · · · · · · · · · · · · · · · · · · · · · · · · · · · · · · · · · · · · · ·

Práctica:

- - - - - - - - - - - - - - - - - - - - - - - - - - - - - - - - - - - - - -

Comportamiento:

- - - - - - - - - - - - - - - - - - - - - - - - - - - - - - - - - - - - - -

· · · · · · · · · · · · · · · · · · · · · · · · · · · · · · · · · · · · · · ·

Práctica:

- - - - - - - - - - - - - - - - - - - - - - - - - - - - - - - - - - - - - -

Comportamiento:

- - - - - - - - - - - - - - - - - - - - - - - - - - - - - - - - - - - - - -

· · · · · · · · · · · · · · · · · · · · · · · · · · · · · · · · · · · · · · ·

Práctica:

- - - - - - - - - - - - - - - - - - - - - - - - - - - - - - - - - - - - - -

**Comportamiento:**

---------------------------------------------

.............................................................

**Práctica:**

---------------------------------------------

**Comportamiento:**

---------------------------------------------

.............................................................

**Práctica:**

---------------------------------------------

**¿Razones probables?**

---------------------------------------------

.............................................................

---------------------------------------------

.............................................................

**Haga una lista de los seis comportamientos en los que se dio la puntuación más baja, lo cual indica que tiene esos comportamientos con menos frecuencia.**

Comportamiento:

------------------------------------------------

..................................................

Práctica:

------------------------------------------------

Comportamiento:

------------------------------------------------

..................................................

Práctica:

------------------------------------------------

Comportamiento:

------------------------------------------------

..................................................

Práctica:

------------------------------------------------

Comportamiento:

------------------------------------------------

..................................................

Práctica:

------------------------------------------------

**Comportamiento:**

----------------------------------------

......................................................

**Práctica:**

----------------------------------------

**Comportamiento:**

----------------------------------------

......................................................

**Práctica:**

----------------------------------------

**¿Razones probables?**

----------------------------------------

......................................................

----------------------------------------

......................................................

**Anote las ideas de acciones que se le ocurran para mejorar la frecuencia de esos comportamientos.**

Con su mayor conocimiento sobre el liderazgo, ¿qué seis comportamientos de liderazgo le gustaría tener con más frecuencia?

Número y nombre del comportamiento:

------------------------------------------------

................................................

Ideas de acción:

------------------------------------------------

................................................

Número y nombre del comportamiento:

------------------------------------------------

................................................

Ideas de acción:

------------------------------------------------

................................................

Número y nombre del comportamiento:

------------------------------------------------

................................................

Ideas de acción:

------------------------------------------------

................................................

**Número y nombre del comportamiento:**

- - - - - - - - - - - - - - - - - - - - - - - - - - - - - - - - - - - - - - - - - - - -

. . . . . . . . . . . . . . . . . . . . . . . . . . . . . . . . . . . . . . . . . . . . . . . . . . . . . .

**Ideas de acción:**

- - - - - - - - - - - - - - - - - - - - - - - - - - - - - - - - - - - - - - - - - - - - - - - - - -

. . . . . . . . . . . . . . . . . . . . . . . . . . . . . . . . . . . . . . . . . . . . . . . . . . . . . .

**Número y nombre del comportamiento:**

- - - - - - - - - - - - - - - - - - - - - - - - - - - - - - - - - - - - - - - - - - - - - - - - - -

. . . . . . . . . . . . . . . . . . . . . . . . . . . . . . . . . . . . . . . . . . . . . . . . . . . . . .

**Ideas de acción:**

- - - - - - - - - - - - - - - - - - - - - - - - - - - - - - - - - - - - - - - - - - - - - - - - - -

. . . . . . . . . . . . . . . . . . . . . . . . . . . . . . . . . . . . . . . . . . . . . . . . . . . . . .

**Número y nombre del comportamiento:**

- - - - - - - - - - - - - - - - - - - - - - - - - - - - - - - - - - - - - - - - - - - - - - - - - -

. . . . . . . . . . . . . . . . . . . . . . . . . . . . . . . . . . . . . . . . . . . . . . . . . . . . . .

**Ideas de acción:**

- - - - - - - - - - - - - - - - - - - - - - - - - - - - - - - - - - - - - - - - - - - - - - - - - -

. . . . . . . . . . . . . . . . . . . . . . . . . . . . . . . . . . . . . . . . . . . . . . . . . . . . . .

¿Qué más notó sobre las opiniones?

- - - - - - - - - - - - - - - - - - - - - - - - - - - - - - - - - - - - - - - -

. . . . . . . . . . . . . . . . . . . . . . . . . . . . . . . . . . . . . . . . . . .

- - - - - - - - - - - - - - - - - - - - - - - - - - - - - - - - - - - - - - - -

. . . . . . . . . . . . . . . . . . . . . . . . . . . . . . . . . . . . . . . . . . .

- - - - - - - - - - - - - - - - - - - - - - - - - - - - - - - - - - - - - - - -

## ¿En cuál de las cinco prácticas es más fuerte?

¿En qué práctica o prácticas podría mejorar más?

**Más fuerte:**

- - - - - - - - - - - - - - - - - - - - - - - - - - - - - - - - - - - - - - - -

. . . . . . . . . . . . . . . . . . . . . . . . . . . . . . . . . . . . . . . . . . .

**Necesita mejorar:**

- - - - - - - - - - - - - - - - - - - - - - - - - - - - - - - - - - - - - - - -

. . . . . . . . . . . . . . . . . . . . . . . . . . . . . . . . . . . . . . . . . . .

## ¿Qué otras ideas, dudas u observaciones tiene acerca de los mensajes de las opiniones sobre el LPI?

- - - - - - - - - - - - - - - - - - - - - - - - - - - - - - - - - - - - - - - -

. . . . . . . . . . . . . . . . . . . . . . . . . . . . . . . . . . . . . . . . . . .

- - - - - - - - - - - - - - - - - - - - - - - - - - - - - - - - - - - - - - - -

. . . . . . . . . . . . . . . . . . . . . . . . . . . . . . . . . . . . . . . . . . .

- - - - - - - - - - - - - - - - - - - - - - - - - - - - - - - - - - - - - - - -

# Resumen del módulo "Orientación"

Piense en qué lugar de su camino se encuentra. Si se fuera ahora mismo del taller, ¿cuál diría que es la lección más importante que aprendió sobre usted mismo como líder?

• • • • • • • • • • • • • • • •

**"Si quiere liderar a otros... debe abrir su corazón... debe tener la capacidad de ser honesto consigo mismo para ser honesto con los demás".**

**NEVZAT MERT TOPCU,**
FUNDADOR DE UNA REVISTA SOBRE
JUEGOS DE PC EN TURQUÍA

# MODELAR EL CAMINO

Venza los nervios y afirme los ideales compartidos para aclarar los valores.

Dé el ejemplo con acciones que sean coherentes con los valores compartidos.

# Modelar el camino

Para demostrar con eficacia, los líderes deben ser claros respecto de sus principios rectores y luego hablar con claridad sobre lo que creen. También forjan acuerdos sobre un conjunto de principios e ideas en común que hacen que la organización sea única y distintiva.

Pero no bastan los discursos elocuentes sobre valores personales. Los líderes defienden sus convicciones. Hacen lo que dicen. Muestran a los demás con su propio ejemplo que se guían por los valores que profesan. Los líderes saben que, aunque su posición pueda darles autoridad, es su comportamiento lo que les hace ganar el respeto de su equipo. Es la coherencia entre las palabras y los hechos lo que construye la credibilidad de un líder.

## OBJETIVOS DEL MÓDULO

- Aclarar y articular los valores que regirán sus decisiones y acciones como líder.

- Describir ejemplos de cómo alinear los valores declarados con el comportamiento de liderazgo cotidiano.

- Explicar cómo conducirá a su equipo para llegar a un consenso sobre los valores compartidos.

# Mis comentarios y opiniones sobre "Modelar el camino"

| PERSONAL | PROMEDIO DEL OBSERVADOR | PUNTO DEL INVENTARIO DE PRÁCTICAS DE LIDERAZGO DE LEADERSHIP PRACTICES INVENTORY (LPI) |
|---|---|---|
| | | **1**. Predico con el ejemplo en cuanto a lo que espero de los demás. |
| | | **6**. Me aseguro de que las personas adhieran a los principios y las normas que se han acordado. |
| | | **11**. Cumplo las promesas y los compromisos que hago. |
| | | **16**. Pido opiniones y comentarios sobre cómo mis acciones afectan el desempeño de otros. |
| | | **21**. Creo consenso en cuanto a un conjunto de valores en común para dirigir nuestra organización. |
| | | **26**. Soy claro en cuanto a mi filosofía de liderazgo. |

# Reacciones iniciales:

Ideas de acciones para mejorar en esta práctica:

# Características de un líder admirado

Porcentaje de los encuestados que seleccionó la característica como una de las siete cualidades que más admiran en un líder

ESTE
GRUPO   NORMAS

ESTE
GRUPO   NORMAS

**Ambicioso**
(aspira a más, trabaja mucho,
se esmera)

**Honesto**
(sincero, tiene integridad,
es confiable, tiene carácter,
es confiado)

**Con mente abierta**
(abierto, flexible, receptivo,
tolerante)

**Imaginativo**
(creativo, innovador, curioso)

**Actitud solícita**
(apreciativo, compasivo,
preocupado, amable, protector)

**Independiente**
(autosuficiente, autónomo, confía en
sí mismo)

**Capacitado**
(capaz, idóneo, eficaz, termina los
trabajos, profesional)

**Inspirador**
(motivador, entusiasta, animado,
gracioso, alegre, optimista, positivo
sobre el futuro)

**Cooperativo**
(colaborativo, trabaja en equipo,
atento)

**Inteligente**
(brillante, astuto, detallista,
intelectual, reflexivo, lógico)

**Valiente**
(audaz, atrevido, intrépido,
vehemente)

**Leal**
(fiel, responsable, de lealtad
inquebrantable, dedicado)

**Confiable**
(meticuloso, responsable,
inspira confianza)

**Maduro**
(con experiencia, sabio, profundo)

**Decidido**
(dedicado, resuelto, persistente,
determinado)

**Con autocontrol**
(moderado, disciplinado)

**Imparcial**
(justo, sin prejuicios, objetivo,
indulgente, dispuesto a perdonar)

**Directo**
(claro, franco, sincero)

**Previsor**
(visionario, prospectivo, se preocupa
por el futuro, tiene sentido
de dirección)

**Comprensivo**
(atento, ofrece consuelo y asistencia)

# Lo que los equipos esperan de los líderes

**Cuatro características que se admiran en los líderes**

........................................................................................

........................................................................................

........................................................................................

........................................................................................

Estas cuatro características que los equipos esperan de los líderes constituyen lo que los expertos en comunicación llaman "credibilidad de la fuente". Según esos expertos, se entiende que una fuente de información es creíble cuando se considera que tiene las siguientes tres características.

**Componentes de la credibilidad de la fuente**

........................................................................................

........................................................................................

........................................................................................

Se ha demostrado en investigaciones que la gente selecciona sistemáticamente cuatro características que describen a los líderes que elegirían seguir.

# Efecto de la credibilidad en una organización

Cuando la gente percibe que sus directivos tienen mucha credibilidad, es más probable que:

- les enorgullezca contar a otros que son parte de la organización;

- sientan un fuerte espíritu de equipo;

- consideren que los valores de la organización están en consonancia con sus propios valores personales;

- se sientan conectados y comprometidos con la organización;

- tengan un sentido de pertenencia a la organización.

Cuando la gente percibe que sus directivos tienen poca credibilidad, es más probable que:

- produzcan únicamente cuando se los supervisa de cerca;

- los motive principalmente el dinero;

- hablen bien de la organización en público pero la critiquen en privado;

- consideren buscar otro trabajo en momentos difíciles;

- sientan que nadie los apoya o aprecia.

¿Cómo hacen los líderes para ganar credibilidad? ¿Qué es la creatividad en términos de comportamiento?

———— ———— ———— ———— ———— ———— ————

# Aclare los valores

Los valores son los juicios morales, las respuestas a los demás y los compromisos con las metas personales y de la organización que:

- nos sirven para determinar qué hacemos y qué no;

- influyen en todos los aspectos de nuestra vida;

- fijan los parámetros de las decisiones que tomamos a diario.

# El efecto que tiene la claridad de los valores sobre el compromiso

CLARIDAD DE LOS VALORES DE LA ORGANIZACIÓN

ALTA

BAJA

BAJA          ALTA

CLARIDAD DE LOS VALORES
PERSONALES

●  ●  ●  ●  ●  ●  ●  ●  ●  ●  ●  ●

**❝ La necesidad de conectar siempre la voz propia con el toque personal es la base para convertirse en líder ❞** .

**MAX DE PREE,**
EX PRESIDENTE Y CEO DE HERMAN MILLER

# Clasificación de tarjetas de valores

La aclaración de los valores comienza con conocerse a sí mismo. Es una oportunidad para que ordene sus valores personales.

**1. Divida las tarjetas de valores en tres pilas:**

- Valores que son de suma importancia para usted.

- Valores que de importancia moderada para usted.

- Valores que no son importantes para usted.

**2. Mientras ordena las tarjetas, piense en los valores que son más importantes para usted.**
Intente que la pila de valores más importantes se reduzca a cinco valores. Escriba esos valores en los cinco recuadros en blanco de la próxima página.

**3. Hable con su compañero sobre por qué eligieron esos cinco valores, por qué son tan importantes.** Si no entiende bien los valores de su compañero, diga: "Todavía no entendí este valor y por qué es importante para usted. ¿Me puede explicar?". Además, defina los valores que eligió: describa qué significa cada valor para usted.

# Definir sus valores

En los espacios que se encuentran a continuación, registre los cinco valores principales que seleccionó cuando ordenó las tarjetas. Describa brevemente qué significa cada valor para usted.

**EJEMPLO**

> **Creatividad:** Ser inventivo y original

**MI VALOR N.° 1**

**MI VALOR N.° 2**

**MI VALOR N.° 3**

**MI VALOR N.° 4**

**MI VALOR N.° 5**

# Valores compartidos

El camino hacia el compromiso comienza aclarando los valores personales. Sin embargo, los mayores logros son posibles cuando el líder y su equipo tienen los mismos valores en común.

Los valores compartidos marcan la diferencia porque:

- fomentan fuertes sentimientos de efectividad personal;

- promueven altos niveles de lealtad a la empresa;

- facilitan el consenso sobre metas organizacionales clave y partes interesadas;

- fomentan el comportamiento ético;

- promueven normas sólidas sobre el trabajo arduo y la amabilidad;

- reducen los niveles de estrés y tensión laboral;

- fomentan el orgullo por la empresa;

- facilitan la comprensión de las expectativas laborales;

- fomentan el trabajo en equipo y la solidaridad/el espíritu de grupo (*esprit de corps*).

● ● ● ● ● ● ● ● ● ● ●

" Comprender mis valores me permite ser más apasionado por mi trabajo y centrarme en aquello en lo que se deben empeñar todos los integrantes del equipo " .

**JUAN GONZALES,**
GERENTE DE SOLUCIONES
SECTORIALES DE IBM

# Cómo hace un líder para modelar el camino

¿Qué hizo y dijo este líder para dar el ejemplo?

| VALORES/ESTÁNDARES | ACCIONES |
|---|---|
| Lo que DICE el líder es importante | Lo que el líder efectivamente HACE |

● ● ● ● ● ● ● ● ● ●

" Cuando pido opiniones y escucho, fomento que mi equipo mantenga una comunicación abierta con otros grupos obteniendo sus opiniones y comentarios y entendiendo el efecto que pueden causar para que su trabajo sea más eficiente ".

**SEANG WEE,**
CISCO SYSTEMS

# Hacer que las acciones sean coherentes con los valores

Estas son algunas maneras en las que los líderes demuestran sus valores:

### CALENDARIOS

A qué elige dedicar su tiempo es el indicador más claro de lo que es importante para usted. Si dice que algo es importante, será mejor que aparezca en su calendario, en sus agendas de reuniones y en los lugares a donde va y las personas que ve.

### INCIDENTES CRÍTICOS

Los sucesos fortuitos y las intromisiones inesperadas, que suelen ocurrir durante tiempos de estrés o cambios, ponen en tela de juicio los valores. Los incidentes críticos ofrecen una muy buena oportunidad de enseñar lecciones importantes sobre normas apropiadas de comportamiento.

### HISTORIAS

Las historias están entre las maneras más importantes de transmitir lecciones de persona a persona, de grupo a grupo, de generación a generación.
Cuando alguien dice: "La moraleja es...", sabe que está por comunicar una idea importante. Los líderes usan historias para ilustrar cómo los valores cobran vida en la organización. Luego pueden servir como mapa mental que guía a la gente a saber qué es importante y "cómo se hacen las cosas aquí".

## LENGUAJE

Los líderes eligen cuidadosamente las palabras para asegurarse de transmitir el mensaje correcto. Para mejorar la comunicación, usan metáforas —figuras retóricas en las que una palabra o frase denota que un tipo de idea se usa en lugar de otra— y analogías —palabras que indican un cierto parecido entre dos cosas que, de otra manera, serían diferentes. También hacen preguntas clave para enmarcar los temas y marcar la agenda.

## MEDICIONES

Las mediciones y los comentarios son esenciales para mejorar el desempeño, de modo que los resultados y las acciones que se miden son aquellas en las que se concentra la gente. El LPI también es una herramienta de medición que le permite centrarse en los comportamientos críticos de un líder.

## RECOMPENSAS

Los comportamientos que recompensa, las personas que reconoce y los logros que celebra envían señales sobre lo que le importa. Si dice que un valor es importante, asegúrese de reconocer de manera tangible e intangible el desempeño que demuestre ese valor.

## VALOR FUNDAMENTAL: ATENCIÓN AL CLIENTE

IDEAS DE ACCIÓN

**Calendario**

- Atender los teléfonos de atención al cliente una mañana por mes.
- Visitar el sitio de los clientes una vez por semana.

**Incidentes**

- La próxima vez que ocurra una interrupción inusual en el servicio normal, encárguese de un trabajo de atención al público para demostrar que el cliente está primero.
- Asigne funciones específicas para los miembros del personal durante las interrupciones del servicio y haga que practiquen estas funciones.

**Historias**

- Comience cada reunión de personal con historias de clientes, que incluyan éxitos y oportunidades de aprendizaje.

**Lenguaje**

- Comience a referirse a los miembros del personal como "asociados" en vez de empleados.
- Elimine la palabra "subordinado" de su vocabulario. Elimine el lenguaje de "nosotros vs. ellos" de las conversaciones interdepartamentales..

**Mediciones**

- Realice una encuesta de satisfacción del cliente.
- Determine cuáles son los principales indicadores de su éxito y conviértalos en las medidas principales para el futuro.

**Recompensas**

- Entregue una bonificación a toda la empresa por mejorar el índice de satisfacción del cliente.
- ¡Pida un aplauso! Tablero de anuncios para todos los lugares.

# Hoja de ejercicios de valores en acción

**VALOR FUNDAMENTAL:** _____

Calendario
- 
- 
- 

Incidentes
- 
- 
- 

Historias
- 
- 
- 

Lenguaje
- 
- 
- 

Mediciones
- 
- 
- 

Recompensas
- 
- 
-

# Lista de tareas pendientes sobre compromiso con los valores

- ☐ Programe acciones para ejemplificar sus valores en su semana.

- ☐ Reserve un tiempo en las reuniones para reconocer a las personas que están demostrando un valor.

- ☐ Pida comentarios y opiniones. ¿Se está comportando de manera coherente con sus palabras?

- ☐ Una vez por semana o por mes, haga una revisión rápida de desempeño de valores al final de las reuniones financieras y de desempeño.

# Resumen del módulo "Modelar el camino"

**¿En dónde se ubica en el camino a convertirse en un mejor líder?**

---

---

---

---

---

Venza los nervios y afirme los ideales compartidos para aclarar los valores.

Dé el ejemplo con acciones que sean coherentes con los valores compartidos.

**¿Cuáles son las tres cosas más importantes que aprendió sobre la práctica de modelar el camino?**

1. ......................................................

......................................................

2. ......................................................

......................................................

3. ......................................................

......................................................

¿Con cuánta claridad transmite los valores y
principios rectores que rigen sus decisiones
y acciones en el contexto de este desafío?

¿En qué medida los demás comparten esos valores y principios?

Mientras afronta este desafío, ¿qué cosas puede
hacer para que sus acciones sean coherentes
con sus valores a fin de que lo consideren
más creíble?

## ¿Cuáles de sus valores fundamentales podrían "ponerse a prueba" mientras resuelve este desafío?

¿Qué ayuda necesitará para asegurar que no se ponga en riesgo ningún valor?

● ● ● ● ● ● ● ● ● ● ● ● ● ●

**❝ Nunca pedí a nadie que hiciera nada que yo no haría o no podría hacer ❞ .**

**MARY GODWIN,**
RADIUS

• • • • • • • • • • • • • • • • •

"Nunca confunda una visión clara con una distancia corta".

**PAUL SAFFO**

# INSPIRAR UNA VISIÓN COMPARTIDA

# Visualice el futuro imaginando posibilidades ennoblecedoras que lo entusiasmen.

# Consiga que los demás tengan una visión en común apelando a las aspiraciones compartidas.

# Inspirar una visión compartida

No hay una autopista al futuro, no hay un camino pavimentado de hoy a mañana. Solo hay desierto, terreno incierto. No hay mapa de rutas ni señales de tránsito.

Como los exploradores, los líderes cuentan con sus destrezas y experiencia. Y mientras los exploradores usan una brújula para determinar la dirección, los líderes dirigen según sus sueños.

Los líderes esperan con ansias el futuro. Contemplan el horizonte del tiempo, imaginando las oportunidades que les esperan cuando, con equipo, lleguen a su destino. Tienen un sentido del propósito y un deseo de cambiar cómo son las cosas. Su visión clara del futuro los hace avanzar.

Pero los líderes saben que no pueden forzar el compromiso, sino solo inspirarlo. Saben que la visión es un diálogo, no un monólogo. Comparten sus sueños para que los demás los comprendan y acepten. Aprenden sobre los sueños, esperanzas y aspiraciones de los miembros de su equipo y forjan una unidad de propósitos mostrándoles por qué el sueño es por el bien común. Comunican su pasión a través de un lenguaje vívido y un estilo expresivo.

## OBJETIVOS DEL MÓDULO

- Describir su visión para el futuro de la organización que apele a valores de un orden más alto.

- Hacer participar a otros en la conversación sobre su visión sobre el futuro de la organización.

- Mostrar a los miembros del equipo cómo sus intereses a largo plazo se pueden materializar si se integran en una visión en común.

# Mis comentarios y opiniones sobre "Inspirar una visión compartida"

| PERSONAL | PROMEDIO DEL OBSERVADOR | PUNTO DEL INVENTARIO DE PRÁCTICAS DE LIDERAZGO DE LEADERSHIP PRACTICES INVENTORY (LPI) |
|---|---|---|
|  | | **2**. Hablo sobre tendencias futuras que afectarán la manera de hacer nuestro trabajo. |
|  | | **7**. Describo una imagen atractiva de cómo podría ser el futuro. |
|  | | **12**. Insto a los demás a que compartan un sueño que los entusiasme sobre el futuro. |
|  | | **17**. Muestro a los demás cómo sus intereses a largo plazo se pueden materializar si se integran en una visión en común. |
|  | | **22**. Describo la visión general de lo que aspiramos a lograr. |
|  | | **27**. Hablo con convicción genuina sobre el mayor significado y propósito de nuestro trabajo. |

# Reacciones iniciales:

Ideas de acciones para mejorar en esta práctica:

# Definición de una visión

Una visión empuja a la gente para que avance. Proyecta una imagen clara de un futuro posible. Genera el entusiasmo y la energía que se necesitan para procurar la meta.

### IDEAL (un estándar elevado al que aspirar)

Las visiones se tratan de esperanzas, sueños y aspiraciones. Se tratan de marcar la diferencia. Nos cuentan el propósito ennoblecedor y el bien común que buscamos.

### ÚNICA (orgullo por ser diferente, una identidad)

Las visiones son sobre lo extraordinario. Son lo que nos hace diferentes, singulares e inigualables.

### IMAGEN (un concepto o imagen mental que se hace real o tangible mediante un lenguaje descriptivo)

Descripciones verbales, metáforas, ejemplos, historias, símbolos y métodos de comunicación similares, todo ayuda a hacer las visiones memorables.

### PROSPECTIVA (con miras a un destino)

Las visiones describen una posibilidad que nos entusiasma para el futuro. Nos expanden la mente para que pensemos en el futuro y nos piden que soñemos.

### BIEN COMÚN (una forma en la que las personas se pueden juntar)

Las visiones se tratan de desarrollar un sentimiento compartido de destino. Los líderes deben ser capaces de mostrar a los demás cómo se atienden sus intereses y por qué son parte de la visión para convocar a otros a que sean parte de ella.

Una visión es una IMAGEN IDEAL y ÚNICA del FUTURO para el BIEN COMÚN.

# Tengo un sueño

TRANSMISIÓN/LENGUAJE

TEMAS

INSPIRAR A LOS DEMÁS

● ● ● ● ● ● ● ● ● ●

66 **En el fluir del tiempo, el futuro está siempre con nosotros. Las direcciones y giros que tomará el mundo tienen su raíz en el pasado y en el presente. Solemos reconocerlos en retrospectiva, pero nuestro propósito es anticipar lo que nos depara el futuro** 99 .

**JOHN NAISBITT**,
AUTOR DE *MEGATRENDS*

# Visualizar el futuro ideal y único

Use estas preguntas como guía para describir su visión de futuro único e ideal.

¿Está en su trabajo para hacer algo o para que algo se haga?

.......................................................................................................

.......................................................................................................

¿Qué parte de su trabajo es importante para usted, su equipo, su organización o para quienes usan su producto o servicio?

.......................................................................................................

.......................................................................................................

.......................................................................................................

.......................................................................................................

¿Qué le daría sentido y propósito real a su trabajo, qué lo inspiraría a venir al trabajo todos los días lleno de energía y entusiasmo?

.......................................................................................................

.......................................................................................................

.......................................................................................................

.......................................................................................................

.......................................................................................................

¿Qué legado aspiraría a dejar cuando sea momento de pasar a una nueva oportunidad?

-------------------------------------------------

.................................................

-------------------------------------------------

.................................................

-------------------------------------------------

.................................................

¿Cuál es el tema de su visión?

-------------------------------------------------

.................................................

-------------------------------------------------

.................................................

-------------------------------------------------

.................................................

● ● ● ● ● ● ● ● ● ● ● ● ● ● ●

"Uno de los mayores regalos que puede dar a otros es la idea de que pueden pensar en grande, más de lo que ellos creen que pueden. Es contagioso. Lo que limita la visión en una organización es que nadie esté dispuesto a hablar por uno. Pero una vez que lo hace usted, ocurre una suerte de factor avalancha o derrumbe; no para de rodar".

**DAN SCHWAB**
EX DIRECTOR DE CAPACITACIÓN Y DESARROLLO DE THE TRUST FOR PUBLIC LAND

# Crear imágenes
# memorables

Para *inspirar una visión compartida*, debe crear imágenes memorables en la mente de los demás.

PARIS?

TUVA?

# Inyecte vida en su visión del futuro

Dibuje un "mapa mental" para ilustrar uno de sus temas.

**1.** Seleccione uno de los temas que identificó en la actividad anterior (página 79).

**2.** Escriba su tema en el círculo que está en el medio de la página.

**3.** Ilustre su tema con descripciones verbales haciendo todas las asociaciones que pueda con ese tema: cosas, sonidos, imágenes, sentimientos, personas, lugares... todo lo que se le venga a la mente.

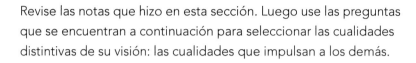

# Aclarar su visión
# del futuro

Revise las notas que hizo en esta sección. Luego use las preguntas que se encuentran a continuación para seleccionar las cualidades distintivas de su visión: las cualidades que impulsan a los demás.

### IDEAL

**¿Cuál es su comunidad de trabajo ideal?** ¿En qué tiene una fe absoluta o por qué siente pasión? ¿Cuál es su sueño sobre su trabajo? Describa la materialización perfecta de su visión.

........................................................................

........................................................................

........................................................................

........................................................................

........................................................................

## ÚNICA

**¿Qué cualidades distinguen al futuro de su organización (o departamento, planta, proyecto, etc.), lo hacen excepcional?** ¿Qué lo haría destacarse y ser diferente de todo lo demás? ¿Qué infundiría orgullo en la gente? ¿Qué legado distintivo le gustaría dejar?

_____

.........................................

_____

.........................................

_____

.........................................

## IMAGEN

**¿Cómo es su visión?** ¿Qué símbolo, metáfora o símil, imagen, ejemplo o imagen mental representa con mayor vivacidad su futuro ideal y único?

_____

.........................................

_____

.........................................

_____

.........................................

**Para asegurarse de que su imagen ideal y única sea para el largo plazo, pregúntese: "¿Cuáles son las tendencias que impulsan mi visión?"** Cuando piensa en el futuro dentro de cinco a diez años, ¿qué sucesos y cambios ve en su industria, sus empleados, sus colaboradores y sus clientes?

---

## BIEN COMÚN

**¿Quiénes son los actores principales de su equipo?** ¿Qué valores y metas tienen en común? ¿Qué les ofrece su visión? ¿Cómo tendrá que modificar su visión para que apele a todos los actores principales de su equipo?

---

# Resumen del módulo "Inspirar una visión compartida"

Visualice
el futuro
imaginando
posibilidades
ennoblece-
doras que lo
entusiasmen.

Consiga que
los demás
tengan una
visión en común
apelando a las
aspiraciones
compartidas.

¿Cuáles son las tres cosas más importantes que aprendió sobre la práctica de inspirar una visión compartida?

1. ............................................................................

............................................................................

............................................................................

2. ............................................................................

............................................................................

............................................................................

3. ............................................................................

............................................................................

............................................................................

**¿Es claro sobre los temas importantes y los valores de orden más alto que dan significado y dirección a su vida y su trabajo?** ¿Y sobre los de los actores principales de su equipo?

_____

. . . . . . . . . . . . . . . . . . . . . . . . . . . . . . . . .

_____

. . . . . . . . . . . . . . . . . . . . . . . . . . . . . . . . .

_____

. . . . . . . . . . . . . . . . . . . . . . . . . . . . . . . . .

_____

**¿Qué temas, esperanzas, sueños y aspiraciones cree que comparte con su equipo y su organización?**

_____

. . . . . . . . . . . . . . . . . . . . . . . . . . . . . . . . .

_____

. . . . . . . . . . . . . . . . . . . . . . . . . . . . . . . . .

_____

. . . . . . . . . . . . . . . . . . . . . . . . . . . . . . . . .

_____

. . . . . . . . . . . . . . . . . . . . . . . . . . . . . . . . .

¿De qué manera mejorar la práctica de inspirar una visión compartida lo ayudará a afrontar el desafío de liderazgo que trajo a este taller?

Piense en estas preguntas.

¿De qué manera clarificar su visión del futuro y conseguir que los demás tengan una visión en común le sirve para afrontar este desafío de liderazgo?

---------------------------------------------

. . . . . . . . . . . . . . . . . . . . . . . . . . . . . . . . . . . . . . . . . . .

---------------------------------------------

. . . . . . . . . . . . . . . . . . . . . . . . . . . . . . . . . . . . . . . . . . .

---------------------------------------------

. . . . . . . . . . . . . . . . . . . . . . . . . . . . . . . . . . . . . . . . . . .

---------------------------------------------

. . . . . . . . . . . . . . . . . . . . . . . . . . . . . . . . . . . . . . . . . . .

---------------------------------------------

● ● ● ● ● ● ● ● ● ●

❝ Tuve fe. Tener
fe es una parte muy
importante de la acción.
Si no tenemos fe, ya
perdimos antes de
comenzar❞ .

**LAILA RAZOUK,**
GERENTE DEL EQUIPO DE
DESARROLLO DE LA DIVISIÓN PCNET
DE ADVANCED MICRO DEVICES

● ● ● ● ● ● ● ● ● ● ● ● ● ● ● ●

"A veces simplemente no puede predecir de dónde vendrá el cambio, pero debe tener los ojos bien abiertos si espera al menos vislumbrarlo".

**MICHAEL PRIEST,**
CEO DE BAY AREA CREDIT SERVICES

PRÁCTICA 3

# DESAFIAR EL PROCESO

Busque oportunidades tomando la iniciativa y mirando hacia afuera para buscar formas innovadoras de mejorar.

Experimente y asuma riesgos para generar pequeños triunfos y aprendizajes sistemáticamente a partir de la experiencia.

# Desafiar el proceso

Un desafío es una oportunidad para la grandeza. Los líderes aprecian las oportunidades de poner a prueba sus habilidades. Buscan maneras innovadoras de mejorar su trabajo y su organización.

Los líderes se aventuran. Están dispuestos a involucrarse en lo desconocido. Saben que la innovación proviene más de escuchar que de decir. Buscan y reconocen las buenas ideas y cuestionan el sistema para que se adopten esas ideas.

Los grandes líderes son grandes aprendices. Saben que asumir riesgos conlleva errores y fracasos, de modo que tratan las desilusiones inevitables como oportunidades de aprendizaje. Están dispuestos a experimentar y asumir riesgos para buscar maneras nuevas y mejores de hacer las cosas. Los líderes también crean entornos seguros en los que los demás puedan aprender de sus fracasos y de sus éxitos.

## OBJETIVOS DEL MÓDULO

- En el contexto de la visión y los valores compartidos, buscar nuevas ideas fuera de los límites de la organización.

- Tomar medidas graduales para aplicar soluciones nuevas e innovadoras.

- Crear un clima en el que la gente esté dispuesta a asumir riesgos y aprender de los errores.

# Un líder que asumió el desafío

# Mis comentarios y opiniones sobre "Desafiar el proceso"

| PERSONAL | PROMEDIO DEL OBSERVADOR | PUNTO DEL INVENTARIO DE PRÁCTICAS DE LIDERAZGO DE LEADERSHIP PRACTICES INVENTORY (LPI) |
|----------|-------------------------|----------------------------------------------------------------------------------------|

**3**. Busco oportunidades estimulantes que pongan a prueba mis propias destrezas y habilidades.

**8**. Reto a las personas a que prueben formas nuevas e innovadoras de hacer su trabajo.

**13**. Busco dinámicamente maneras innovadoras de mejorar lo que hacemos.

**18**. Pregunto "¿Qué podemos aprender?" cuando las cosas no salen como esperábamos.

**23**. Identifico hitos medibles que ayudan a mantener el avance de los proyectos.

**28**. Tomo la iniciativa para anticipar y responder ante los cambios.

# Reacciones iniciales:

--------------------------------------------------

..................................................

--------------------------------------------------

..................................................

--------------------------------------------------

..................................................

--------------------------------------------------

..................................................

**Ideas de acciones para mejorar en esta práctica:**

--------------------------------------------------

..................................................

--------------------------------------------------

..................................................

--------------------------------------------------

..................................................

--------------------------------------------------

..................................................

--------------------------------------------------

..................................................

--------------------------------------------------

# No olvide

La gente suele rendir **al máximo** cuando lidia con cambios considerables, dificultades, problemas, adversidades y otros desafíos.

Para hacer cosas extraordinarias se suele empezar por **"pequeñas victorias"**.

Nadie lo hace a la perfección la primera vez que intentan algo nuevo. **Los mejores líderes son los mejores aprendices**, y los mejores creadores de un entorno de aprendizaje.

● ● ● ● ● ● ● ● ● ● ● ●

66 Es peligroso mirar
el mundo desde un
escritorio 99 .

**JOHN LE CARRÉ**

# Visión externa

**¿De dónde vienen las ideas?** ¿De qué maneras puede usar la visión externa, es decir, buscar oportunidades e ideas innovadoras fuera de su equipo, organización o sector?

_____

. . . . . . . . . . . . . . . . . . . . . . . . . . . . . . . . . . . . . . .

_____

. . . . . . . . . . . . . . . . . . . . . . . . . . . . . . . . . . . . . . .

_____

. . . . . . . . . . . . . . . . . . . . . . . . . . . . . . . . . . . . . . .

_____

. . . . . . . . . . . . . . . . . . . . . . . . . . . . . . . . . . . . . . .

_____

. . . . . . . . . . . . . . . . . . . . . . . . . . . . . . . . . . . . . . .

_____

Salga de lo conocido.

# Asumir riesgos y aprender de los errores

**#1.** Debe continuar trabajando en la confianza y nunca darla por sentado.

**#2.** **A veces se quiebra la confianza.** En esos casos, vea la norma n.° 1.

---

# Ayudar a los demás a asumir riesgos y aprender de los errores

**¿Qué generalizaciones haría sobre cometer errores y crear un entorno de aprendizaje?**

------------------------------------------------

................................................

------------------------------------------------

................................................

------------------------------------------------

................................................

**¿Cómo puede crear un entorno en el que la gente aprenda de los errores inevitables cuando se hacen cosas nuevas?**

------------------------------------------------

................................................

------------------------------------------------

................................................

------------------------------------------------

................................................

**Pista:** Mire la página 180.

● ● ● ● ● ● ● ● ● ●

*"* Cuando mis empleados cometen errores cuando intentan mejorar algo, primero pido una ronda de aplausos para ellos. Sin errores no hay productos nuevos. Si temen cometer errores, mi empresa está condenada al fracaso *"* .

**JIM READ,**
PRESIDENTE DE THE READ CORPORATION

# Un salto por vez

¿Cuáles son todas las pequeñas cosas que hizo el líder para progresar?

# Pequeñas victorias

Las pequeñas victorias crean un patrón de victoria que trae a la gente que quiere aliarse con un emprendimiento exitoso.

Los líderes identifican el lugar donde comenzar y empiezan a demostrar la acción. Desglosar problemas pequeños, incluso abrumadores, en partes pequeñas y manejables es un aspecto importante de la creación de pequeñas victorias.
Los líderes trabajan mucho para buscar formas de facilitar el éxito a su equipo.

**¿Por qué las pequeñas victorias tienen tanto éxito a la hora de crear el impulso para el cambio?**

● ● ● ● ● ● ● ● ● ● ● ● ●

**❝ Se logran grandes cosas haciendo muchas cosas pequeñas❞ .**

**PHILIP DIEHL,**
DIRECTOR DE LA FÁBRICA DE
MONEDA DE ESTADOS UNIDOS

# Dar un paso por vez

| DESAFÍO ACTUAL | OBSTÁCULO(S) | OPORTUNIDADES DE PEQUEÑAS VICTORIAS |
|---|---|---|
|  |  |  |
|  |  |  |
|  |  |  |

# Acciones clave para generar pequeñas victorias

- Desglose. Divida los problemas grandes en piezas pequeñas y realizables.

- Haga un modelo. Cree una versión a pequeña escala de lo que intenta hacer para ver si funcionará.

- Simplifique. Sus visiones deben ser grandiosas, pero sus acciones deben ser lo más simples que se sea posible.

- Haga primero las partes fáciles. Ayude al grupo a descubrir que pueden hacerlo.

- Acumule respuestas afirmativas. Pida que afirmen su acuerdo con lo primero, luego con lo segundo, luego con lo tercero, etc.

- Experimente. Intente, fracase, aprenda y vuelva a intentar.

- Transmita opiniones y comentarios. Comunique a las personas cómo está siendo su desempeño.

- Celebre. Cuando alcance una meta, tómese el tiempo de felicitar a los demás.

# Resumen del módulo "Cuestionar Desafiar el proceso"

El liderazgo está estrechamente ligado al cambio y la innovación.

Los líderes buscan activamente y crean nuevas oportunidades. Siembre buscan nuevas ideas dentro del contexto de sus valores y su visión.

Los líderes están dispuestos a experimentar y asumir riesgos. Ven los errores como oportunidades de aprender, y crean un clima en su organización en cual los demás pueden generar pequeñas victorias y aprender de sus errores.

**¿Cuáles son las tres cosas más importantes que aprendió sobre la práctica de desafiar el proceso?**

1. ...............................................................

   ----------------------------------------------------------

   ...............................................................

2. ...............................................................

   ----------------------------------------------------------

   ...............................................................

3. ...............................................................

   ----------------------------------------------------------

   ...............................................................

Busque oportunidades tomando la iniciativa y mirando hacia afuera para buscar formas innovadoras de mejorar.

Experimente y asuma riesgos para generar pequeños triunfos y aprendizajes sistemáticamente a partir de la experiencia.

¿Dónde puede buscar ideas creativas e innovadoras para afrontar este desafío?

------------------------------------------

..........................................

------------------------------------------

..........................................

------------------------------------------

..........................................

------------------------------------------

..........................................

------------------------------------------

..........................................

¿De qué manera mejorar la práctica de desafiar el proceso lo ayudará a afrontar el desafío de liderazgo que trajo a este taller?

Piense en estas preguntas.

¿Qué puede hacer para progresar paso a paso en este desafío para generar pequeñas ganancias?

------------------------------------------

..........................................

------------------------------------------

..........................................

------------------------------------------

..........................................

------------------------------------------

..........................................

------------------------------------------

## ¿Es momento de experimentar o de asumir un riesgo?

¿Cuál es el próximo paso y cómo se respaldará para darlo?

------------------------------------------------

................................................

------------------------------------------------

................................................

------------------------------------------------

................................................

------------------------------------------------

................................................

------------------------------------------------

................................................

------------------------------------------------

................................................

------------------------------------------------

................................................

------------------------------------------------

● ● ● ● ● ● ● ● ● ● ● ● ●

**66 La verdadera línea divisoria es la pasión. Mientras crea que lo que hace es significativo, puede vencer el miedo y el agotamiento y dar el próximo paso99 .**

**ARLENE BLUM,**
DOCTORA EN QUÍMICA BIOFÍSICA,
ÁVIDA ALPINISTA

● ● ● ● ● ● ● ● ● ● ● ● ● ● ● ●

❝Para mí, la mejor forma de dar poder a otras personas… es permitir la creatividad y la libertad de explorar nuevas ideas y maneras de pensar❞.

**JILL CLEVELAND,**
**GERENTE FINANCIERO DE APPLE, INC.**

# HABILITAR A LOS DEMÁS PARA QUE ACTÚEN

Promueva la colaboración generando confianza y facilitando las relaciones.

Fortalezca a los demás aumentando la autodeterminación y desarrollando la competencia.

# Habilitar a los demás para que actúen

Los líderes no viajan solos. Los líderes saben que el esfuerzo que hace el equipo por hacer realidad grandes sueños requiere una confianza sólida y relaciones fuertes. Los líderes promueven la colaboración. Alimentan la autoestima de los demás y los hacen sentir fuertes y capaces. Los líderes se aseguran de que, cuando ganen, ganen todos.

Los líderes hacen posible que otros hagan bien su trabajo. Crean equipos con espíritu, cohesión y un verdadero sentido de comunidad. Los líderes hacen participar a otros en la planificación y las decisiones y desarrollan metas colaborativas y relaciones cooperativas.

Los líderes fortalecen y mejoran a los demás compartiendo poder e información y dándoles visibilidad y crédito. Al igual que entrenadores y maestros, dan tareas exigentes y los apoyan con las herramientas que necesitan para tener éxito, y eliminan los obstáculos en su camino.

## OBJETIVOS DEL MÓDULO

- Identificar las acciones de los líderes que hacen que las personas se sientan fuertes y las que hacen que se sientan débiles.

- Describir varias medidas que puede tomar para fortalecer a las otras personas en su organización.

- Describir acciones que obstaculizan y que facilitan la creación de confianza y colaboración en su organización.

# Mis comentarios sobre "Habilitar a los demás para que actúen".

| PERSONAL | PROMEDIO DEL OBSERVADOR | PUNTO DEL INVENTARIO DE PRÁCTICAS DE LIDERAZGO DE LEADERSHIP PRACTICES INVENTORY (LPI) |
|---|---|---|
| | | **4**. Forjo relaciones de cooperación entre las personas con las que trabajo. |
| | | **9**. Escucho atentamente los distintos puntos de vista. |
| | | **14**. Trato a los demás con dignidad y respeto. |
| | | **19**. Involucro a las personas en las decisiones que afectan directamente su desempeño laboral. |
| | | **24**. Doy mucha libertad y posibilidad de elección para que decidan cómo hacer su trabajo. |
| | | **29**. Garantizo que crezcan en sus trabajos mediante el aprendizaje de nuevas destrezas y el desarrollo personal. |

# Reacciones iniciales:

----------------------------------------

..........................................

----------------------------------------

..........................................

----------------------------------------

..........................................

----------------------------------------

..........................................

**Ideas de acciones para mejorar en esta práctica:**

----------------------------------------

..........................................

----------------------------------------

..........................................

----------------------------------------

..........................................

----------------------------------------

..........................................

----------------------------------------

..........................................

----------------------------------------

# Momentos fuertes, momentos débiles

Piense en un momento o momentos en los que se sintió fuerte a causa de lo que alguien hizo o le dijo.

**Piense en un momento o momentos en los que se sintió fuerte a causa de lo que alguien hizo o le dijo.** Trate de ser lo más específico posible.

- - - - - - - - - - - - - - - - - - - - - - - - - - - - - - - - - - - - - - - - - - - - - -

. . . . . . . . . . . . . . . . . . . . . . . . . . . . . . . . . . . . . . . . . . . . . .

- - - - - - - - - - - - - - - - - - - - - - - - - - - - - - - - - - - - - - - - - - - - - -

. . . . . . . . . . . . . . . . . . . . . . . . . . . . . . . . . . . . . . . . . . . . . .

- - - - - - - - - - - - - - - - - - - - - - - - - - - - - - - - - - - - - - - - - - - - - -

. . . . . . . . . . . . . . . . . . . . . . . . . . . . . . . . . . . . . . . . . . . . . .

Piense en un momento o momentos en los que se sintió débil a causa de lo que alguien hizo o le dijo.

**Describa lo que dijo o hizo esa persona.**
Trate de ser lo más específico posible.

- - - - - - - - - - - - - - - - - - - - - - - - - - - - - - - - - - - - - - - - - - - - - -

. . . . . . . . . . . . . . . . . . . . . . . . . . . . . . . . . . . . . . . . . . . . . .

- - - - - - - - - - - - - - - - - - - - - - - - - - - - - - - - - - - - - - - - - - - - - -

. . . . . . . . . . . . . . . . . . . . . . . . . . . . . . . . . . . . . . . . . . . . . .

- - - - - - - - - - - - - - - - - - - - - - - - - - - - - - - - - - - - - - - - - - - - - -

. . . . . . . . . . . . . . . . . . . . . . . . . . . . . . . . . . . . . . . . . . . . . .

¿Qué efecto tiene en su productividad o en su moral cuando alguien hace o dice algo que lo hace sentir fuerte?

------------------------------------------------

................................................

------------------------------------------------

------------------------------------------------

------------------------------------------------

¿Qué efecto tiene en su productividad o en su moral cuando alguien hace o dice algo que lo hace sentir débil?

------------------------------------------------

................................................

------------------------------------------------

................................................

------------------------------------------------

¿Cuáles son las implicancias para usted como líder? Comparta su razonamiento.

------------------------------------------------

................................................

------------------------------------------------

................................................

------------------------------------------------

................................................

------------------------------------------------

................................................

# Momentos fuertes

- Los comportamientos que hacen que la gente se sienta fuerte habilitan y los que hacen que esa gente se sienta débil inhabilitan.

- Sentirse fuerte probablemente genere lo mejor, lo más positivo y el mayor compromiso en desempeño y energía.

- Hacer que la gente se sienta capaz y valorada es esencial para la confianza: el ingrediente fundamental en la voluntad de asumir riesgos que conducen a resultados extraordinarios.

**¿Qué dijo o hizo recientemente para habilitar a los miembros de su equipo haciendo que se sientan fuertes?** Cite ejemplos y trate de ser lo más específico posible. Describa CUÁNDO hizo o dijo QUÉ para habilitar a QUIÉN.

------------------------------------------------

. . . . . . . . . . . . . . . . . . . . . . . . . . . . . . . . . . . . . .

------------------------------------------------

. . . . . . . . . . . . . . . . . . . . . . . . . . . . . . . . . . . . . .

------------------------------------------------

**¿Qué dijo o hizo recientemente que pudo haber inhabilitado a los miembros de su equipo y hacerlos sentir débiles?** Sea específico.

------------------------------------------------

. . . . . . . . . . . . . . . . . . . . . . . . . . . . . . . . . . . . . .

------------------------------------------------

. . . . . . . . . . . . . . . . . . . . . . . . . . . . . . . . . . . . . .

------------------------------------------------

**¿Qué obstáculos se interponen a la hora de habilitar a los demás?**
¿Qué podría hacer para eliminar o reducir estos obstáculos?

------------------------------------------------

. . . . . . . . . . . . . . . . . . . . . . . . . . . . . . . . . . . . . .

------------------------------------------------

. . . . . . . . . . . . . . . . . . . . . . . . . . . . . . . . . . . . . .

------------------------------------------------

# Cómo un líder fortalece a los otros

**ACCIONES DEL LÍDER**

**APORTES DEL LÍDER**

**RELACIONES DEL LÍDER**

**¿QUÉ PUEDE HACER?**

# Cómo dar más control a la gente sobre su trabajo

Pensando en qué puede decir o hacer un líder para permitir a otros que hagan, ¿qué consejo daría a un nuevo líder sobre cómo dar más control a la gente sobre su trabajo?

--------------------------------------------------

..................................................

--------------------------------------------------

..................................................

--------------------------------------------------

..................................................

--------------------------------------------------

..................................................

--------------------------------------------------

..................................................

--------------------------------------------------

..................................................

--------------------------------------------------

..................................................

--------------------------------------------------

..................................................

--------------------------------------------------

..................................................

--------------------------------------------------

..................................................

--------------------------------------------------

..................................................

**Pista:** Mire la página 181.

# Desarrollar la capacidad

Nos sentimos más capaces y seguros cuando tenemos la habilidad de desempeñarnos bien, y los otros tienen más confianza en nosotros cuando saben que somos competentes. Los líderes saben que la gente necesita orientación para aumentar sus capacidades y que, a menos que la gente tenga oportunidades de poner en práctica sus talentos, se terminarán aburriendo o frustrando.

Piense en la relación que tienen tres o cuatro miembros de su equipo con el trabajo que hacen. Escriba sus iniciales o nombres en código en el lugar que corresponde en el diagrama de flujo.

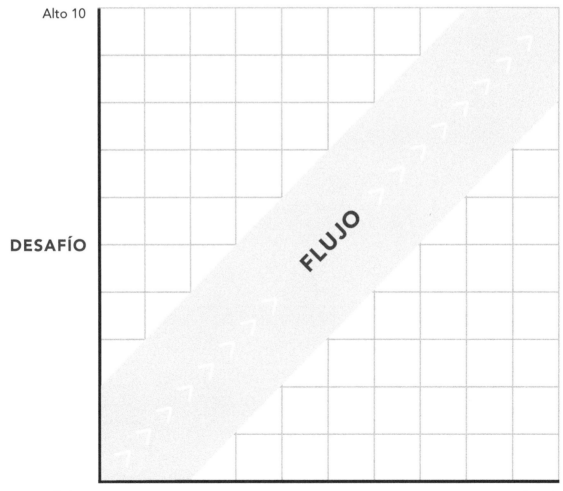

**¿Por qué colocó las iniciales de esas personas en esos lugares específicos del diagrama de flujo?**

**¿Qué podría hacer para mover a cada miembro del equipo dentro del "flujo" o más cerca?**

Nombre/Iniciales:

- - - - - - - - - - - - - - - - - - - - - - - - - - - - - - - - - - - - - - - - - - - -

Acción:

- - - - - - - - - - - - - - - - - - - - - - - - - - - - - - - - - - - - - - - - - - - -

. . . . . . . . . . . . . . . . . . . . . . . . . . . . . . . . . . . . . . . . . . . . . . . . .

Nombre/Iniciales:

- - - - - - - - - - - - - - - - - - - - - - - - - - - - - - - - - - - - - - - - - - - -

Acción:

- - - - - - - - - - - - - - - - - - - - - - - - - - - - - - - - - - - - - - - - - - - -

. . . . . . . . . . . . . . . . . . . . . . . . . . . . . . . . . . . . . . . . . . . . . . . . .

Nombre/Iniciales:

- - - - - - - - - - - - - - - - - - - - - - - - - - - - - - - - - - - - - - - - - - - -

Acción:

- - - - - - - - - - - - - - - - - - - - - - - - - - - - - - - - - - - - - - - - - - - -

. . . . . . . . . . . . . . . . . . . . . . . . . . . . . . . . . . . . . . . . . . . . . . . . .

Nombre/Iniciales:

- - - - - - - - - - - - - - - - - - - - - - - - - - - - - - - - - - - - - - - - - - - -

Acción:

- - - - - - - - - - - - - - - - - - - - - - - - - - - - - - - - - - - - - - - - - - - -

. . . . . . . . . . . . . . . . . . . . . . . . . . . . . . . . . . . . . . . . . . . . . . . . .

Fuente: Basado en el trabajo de M. Csikszentmihalyi

● ● ● ● ● ● ● ● ● ● ● ●

**❝ Ayudamos a todos a ser más competentes creando un clima de aprendizaje en donde la gente mire más allá de la descripción de su trabajo y los límites de la organización ❞ .**

**RAJ LIMAYE,**
SUBDIRECTOR DE DATAPRO

● ● ● ● ● ● ● ● ● ● ● ● ● ● ●

66 **Entiendo que, para que mis empleados y, por lo tanto, yo mismo podamos tener éxito, debo aprender a desarrollar un equipo cohesivo y colaborativo, empezando por la confianza como marco**99 .

**JILL CLEVELAND**,

GERENTE FINANCIERO DE APPLE, INC.

# Experimentar la colaboración

**De acuerdo con lo que aprendió de la actividad experimental, ¿qué consejo daría a un líder que quiere fomentar la colaboración en su organización?** Trate de ser lo más específico posible.

-------------------------------------------------
.................................................
-------------------------------------------------
.................................................
-------------------------------------------------
.................................................
-------------------------------------------------
.................................................
-------------------------------------------------
.................................................
-------------------------------------------------
.................................................
-------------------------------------------------
.................................................
-------------------------------------------------
.................................................
-------------------------------------------------
.................................................
-------------------------------------------------
.................................................

• • • • • • • • • • • •

**66 La manera más eficaz y rentable de operar una empresa es que todos puedan dar su opinión sobre cómo se dirige la empresa y participen en el resultado financiero, bueno o malo 99 .**

**JACK STACK,**

CEO DE SRC HOLDINGS

# Crear confianza

**Piense en una persona o grupo con quienes quisiera aumentar la confianza.**

¿Qué puede hacer y decir para crear esa confianza?

---------------------------------------------

.............................................

---------------------------------------------

.............................................

---------------------------------------------

.............................................

---------------------------------------------

.............................................

---------------------------------------------

.............................................

---------------------------------------------

.............................................

---------------------------------------------

.............................................

---------------------------------------------

.............................................

---------------------------------------------

.............................................

---------------------------------------------

.............................................

# Desarrollar metas y funciones de cooperación

**Las metas y las funciones en común unen a la gente en objetivos colaborativos.** Cuando las personas trabajan juntas y reconocen que se necesitan para tener éxito, se convencen de que todos deben contribuir y que, cuando cooperan, pueden hacer la tarea satisfactoriamente.

Los líderes deben pensar en lo que pueden hacer **para fomentar la colaboración en una determinada situación**: cómo pueden estructurar la situación de modo que cada miembro del equipo deba contribuir al éxito y para que nadie gane a menos que todos ganen.

# Resumen del módulo "Habilitar a los demás para que actúen"

**Promueva la colaboración generando confianza y facilitando las relaciones.**

**Fortalezca a los demás aumentando la autodeter- minación y desarrollando la competencia.**

"No podemos hacerlo solos" es el mantra de los líderes más ejemplares. Simplemente, nadie puede lograr cosas extraordinarias por sí mismo. Los líderes saben que la colaboración es la destreza principal que permite que los equipos, las asociaciones y otras alianzas funcionen con eficacia.

Los líderes también saben que los equipos no pueden funcionar sin personas fuertes. Fortalecer a los demás es esencialmente el proceso de hacer que la gente se sienta capaz de actuar por su propia iniciativa. Los líderes ejemplares ponen su poder al servicio de los demás porque saben que las personas capaces y seguras tienen un mejor desempeño.

**¿Cuáles son las tres cosas más importantes que aprendió sobre la práctica de habilitar a los demás para que actúen?**

**1.** ....................................................................

--------------------------------------------------

....................................................................

**2.** ....................................................................

--------------------------------------------------

....................................................................

**3.** ....................................................................

--------------------------------------------------

....................................................................

**¿De qué manera mejorar la práctica de habilitar a los demás para que actúen lo ayudará a afrontar el desafío de liderazgo que trajo a este taller?**

**Piense en estas preguntas.**

**¿Está cerca del flujo con respecto a este desafío?**
Escriba sus iniciales en el lugar correspondiente del diagrama de flujo a la derecha.

------------------------------------------------

................................................

------------------------------------------------

................................................

------------------------------------------------

................................................

------------------------------------------------

**¿Cuál es la relación entre el nivel del desafío y el nivel de sus competencias y destrezas?** ¿Cómo se siente al respecto? ¿Qué puede hacer para acercarse al flujo?

------------------------------------------------

................................................

------------------------------------------------

................................................

------------------------------------------------

................................................

------------------------------------------------

................................................

------------------------------------------------

................................................

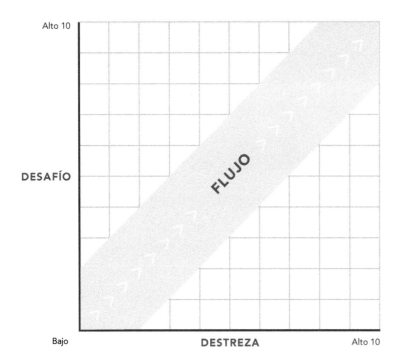

Alto 10

DESAFÍO

FLUJO

Bajo  **DESTREZA**  Alto 10

**Para afrontar este desafío, ¿debe aumentar la capacidad de actuar de los miembros de su equipo?** En ese caso, ¿qué medidas puede tomar a tal fin?

- - - - - - - - - - - - - - - - - - - - - - - - - - - - - - - - - - - -

. . . . . . . . . . . . . . . . . . . . . . . . . . . . . . . . . . . . . . . . . . . . . . .

- - - - - - - - - - - - - - - - - - - - - - - - - - - - - - - - - - - -

. . . . . . . . . . . . . . . . . . . . . . . . . . . . . . . . . . . . . . . . . . . . . . .

- - - - - - - - - - - - - - - - - - - - - - - - - - - - - - - - - - - -

. . . . . . . . . . . . . . . . . . . . . . . . . . . . . . . . . . . . . . . . . . . . . . .

- - - - - - - - - - - - - - - - - - - - - - - - - - - - - - - - - - - -

. . . . . . . . . . . . . . . . . . . . . . . . . . . . . . . . . . . . . . . . . . . . . . .

● ● ● ● ● ● ● ● ● ●

66 [Como líderes]
nunca asumimos el
control del problema.
Son ellos [los empleados]
los que lo asumen.
Nosotros orientamos
y aconsejamos, pero
son ellos los que deben
decidir y actuar. Si
es su plan, es más
probable que lo hagan
funcionar. Yo ayudé a
añadir lo que considero
el ingrediente más
importante: el respeto
mutuo y el sentimiento
de unidad99.

**BRIAN BAKER**
MÉDICO FAMILIAR Y CORONEL EN
EL EJÉRCITO ESTADOUNIDENSE

"Unas palabras sinceras de agradecimiento de la persona correcta en el momento correcto pueden significar mucho más para un empleado que un aumento, un reconocimiento formal o una pared llena de certificados y placas".

**BOB NELSON,**
*1001 WAYS TO REWARD EMPLOYEES*
*(1001 MANERAS DE RECOMPENSAR*
*A LOS EMPLEADOS)*

# ALENTAR EL CORAZÓN

**Reconozca las contribuciones demostrando aprecio por la excelencia individual.**

**Celebre los valores y las victorias creando un espíritu de comunidad.**

# Alentar el corazón

Lograr cosas extraordinarias en las organizaciones lleva mucho trabajo. La gente se agota, se frustra y se desencanta. Los líderes alientan el corazón de los miembros de su equipo para que continúen. Inspiran a los demás con coraje y esperanza.

Para mantener la esperanza y la determinación vivas, los líderes muestran aprecio genuino por la excelencia individual. Expresan orgullo por los logros de su equipo y hacen que todos se sientan como héroes cotidianos.

## OBJETIVOS DEL MÓDULO

- Dar ejemplos de reconocimientos significativos.

- Identificar medidas que pueda tomar para alentar el corazón de los miembros de su equipo.

# Mis comentarios y opiniones sobre "Alentar el corazón"

| PERSONAL | PROMEDIO DEL OBSERVADOR | PUNTO DEL INVENTARIO DE PRÁCTICAS DE LIDERAZGO DE LEADERSHIP PRACTICES INVENTORY (LPI) |
|---|---|---|
| | | **5**. Elogio a las personas cuando hacen bien su trabajo. |
| | | **10**. Me empeño en transmitir a las personas que confío en sus habilidades. |
| | | **15**. Me aseguro de que las personas sean reconocidas de forma creativa por sus aportes al éxito de nuestros proyectos. |
| | | **20**. Reconozco públicamente a las personas que ejemplifican el compromiso con los valores compartidos. |
| | | **25**. Cuento historias alentadoras sobre el buen trabajo de otras personas. |
| | | **30**. Me involucro para reconocer a las personas y celebrar sus logros. |

# Reacciones iniciales:

## Ideas de acciones para mejorar en esta práctica:

# Un reconocimiento significativo

**Piense en uno de los reconocimientos más significativos que haya recibido.** Puede estar relacionado con cualquier parte de su vida: trabajo, familia, estudios o comunidad. ¿Cuál fue el reconocimiento? ¿Por qué lo recibió? ¿Por qué fue tan significativo para usted? Trate de ser lo más específico posible.

_____

.................................................

_____

.................................................

_____

.................................................

**¿Cuáles son algunos de los elementos más comunes que escuchó de las historias de reconocimiento más significativo que contaron sus colegas?**

_____

.................................................

_____

.................................................

_____

.................................................

# Proporción positivo/negativo

## PPN

Según las investigaciones, las personas que participan en al menos tres interacciones positivas por cada interacción negativa tienden a ser más eficaces y productivas que las que tienen una proporción menor de interacciones positivas a negativas.

DE *HOW FULL IS YOUR BUCKET*, ESCRITO POR TOM RATH Y DONALD CLIFTON

# Lo esencial para alentar el corazón

### ESPERE LO MEJOR

Los líderes exitosos tienen muchas expectativas sobre ellos y sobre los demás. La gente con frecuencia intensifica los niveles de desempeño cuando las expectativas son altas. Los líderes sacan lo mejor de los demás asegurándose que sepan qué se espera de ellos y alentándolos para que den lo mejor de sí.

### PERSONALICE EL RECONOCIMIENTO

Los líderes prestan atención a los logros destacables y también a los que tienen un alcance relativamente pequeño, pero que son logros personales, y los reconocen. La piedra angular del reconocimiento significativo es que se percibe como personal. Por ejemplo, los líderes cuentan historias con detalles vívidos que refuerzan el motivo por el cual se está reconociendo a una persona. El reconocimiento personalizado permite a la gente saber que se los valora como individuos únicos y que sus líderes tienen un interés atento y personal en sus logros.

### GENERE UN ESPÍRITU DE COMUNIDAD

Los líderes no solo reconocen la excelencia individual, sino que también celebran los valores y las victorias del equipo. Celebrar juntos crea un sentido potenciado de comunidad, pertenencia e inclusión. Envía el mensaje de que se benefician todos cuando ocurren cosas muy buenas y recuerda a las personas sobre el enorme potencial de lo que pueden lograr juntas.

## IMPLÍQUESE PERSONALMENTE

No puede delegar las cuestiones del corazón. Como líder, debe buscar ejemplos de personas que hacen las cosas bien. Debe estar dispuesto a mirar a las personas a los ojos y decirles "gracias". Debe implicarse personalmente con las personas, para saber cuándo merecen un reconocimiento especial o necesitan orientación o que les aseguren que todo va a salir bien cuando tienen que hacer un trabajo difícil. Sus acciones de aliento envían mensajes muy claros sobre la importancia y legitimidad de lo que hace la gente.

● ● ● ● ● ● ● ● ● ● ●

**❝Si todos están haciendo un muy buen trabajo, ¿por qué no decírselo?❞**

**LINDSAY LEVIN,**
PRESIDENTA DE WHITES GROUP

# Cómo hace un líder para alentar el corazón

Teniendo en cuenta los cuatro puntos esenciales, preste mucha atención a lo que hace el líder.

**Espere lo mejor.**

**Personalice el reconocimiento.**

**Genere un espíritu de comunidad.**

**Implíquese personalmente.**

**¿De qué maneras este líder demuestra cómo alentar el corazón?**

_____

_____

_____

_____

_____

_____

**¿Este líder muestra bien los cuatro puntos esenciales?** ¿Qué podría hacer el líder para mejorar?

_____

_____

_____

_____

_____

_____

¿Cuáles fueron los beneficios para el líder, el
equipo y los miembros individuales del equipo de
haber buscado maneras de alentar el corazón?

- - - - - - - - - - - - - - - - - - - - - - - - - - - - - - - - - - - - - - - - - - -

. . . . . . . . . . . . . . . . . . . . . . . . . . . . . . . . . . . . . . . . . . . . . . . .

- - - - - - - - - - - - - - - - - - - - - - - - - - - - - - - - - - - - - - - - - - -

. . . . . . . . . . . . . . . . . . . . . . . . . . . . . . . . . . . . . . . . . . . . . . . .

- - - - - - - - - - - - - - - - - - - - - - - - - - - - - - - - - - - - - - - - - - -

. . . . . . . . . . . . . . . . . . . . . . . . . . . . . . . . . . . . . . . . . . . . . . . .

- - - - - - - - - - - - - - - - - - - - - - - - - - - - - - - - - - - - - - - - - - -

¿Cómo puede aplicar este aprendizaje a su
propia situación?

- - - - - - - - - - - - - - - - - - - - - - - - - - - - - - - - - - - - - - - - - - -

. . . . . . . . . . . . . . . . . . . . . . . . . . . . . . . . . . . . . . . . . . . . . . . .

- - - - - - - - - - - - - - - - - - - - - - - - - - - - - - - - - - - - - - - - - - -

. . . . . . . . . . . . . . . . . . . . . . . . . . . . . . . . . . . . . . . . . . . . . . . .

- - - - - - - - - - - - - - - - - - - - - - - - - - - - - - - - - - - - - - - - - - -

. . . . . . . . . . . . . . . . . . . . . . . . . . . . . . . . . . . . . . . . . . . . . . . .

- - - - - - - - - - - - - - - - - - - - - - - - - - - - - - - - - - - - - - - - - - -

# Qué se debe tener en cuenta a la hora de alentar el corazón

El liderazgo es más un asunto del corazón que una mera cuestión de la mente.

Las maneras de demostrar aprecio por los logros y fomentar la perseverancia son prácticamente ilimitadas.

Nunca subestime el efecto significativo y duradero que pueden tener sus palabras genuinas de aliento en los demás.

Trabaje en la PPN: sea generoso con sus positivos.

Sea auténtico y genuino cuando alienta el corazón: asegúrese de ser franco.

# Resumen del módulo "Alentar el corazón"

Las palabras de aliento deben salir del corazón. Los líderes entienden que, para lograr lo extraordinario, la gente debe tener un corazón fuerte y comprometido. Cuando ofrece palabras de aliento, el líder fortalece y da coraje al corazón de otra persona.

Para mantener a las personas inspiradas y dispuestas a perseverar en el camino largo y difícil hacia el éxito, los líderes:

- Se empeñan en reconocer la excelencia continuamente.

- Ofrecen palabras de apoyo y aliento para expresar que creen y confían en los demás.

- Demuestran su aprecio por los logros pequeños y grandes y ejemplifican los valores.

**¿Cuáles son las tres cosas más importantes que aprendió sobre la práctica de alentar el corazón?**

1. ......................................................

-----------------------------------------

......................................................

2. ......................................................

-----------------------------------------

......................................................

3. ......................................................

-----------------------------------------

......................................................

**Reconozca las contribuciones demostrando aprecio por la excelencia individual.**

**Celebre los valores y las victorias creando un espíritu de comunidad.**

**¿De qué manera mejorar la práctica de alentar el corazón lo ayudará a afrontar el desafío de liderazgo que trajo a este taller?**

**Piense en estas preguntas.**

**¿Quiénes en su equipo se beneficiarían realmente con un mayor reconocimiento?**
¿Cómo lo personalizaría?

-------------------------------------------------

.................................................

-------------------------------------------------

.................................................

-------------------------------------------------

.................................................

-------------------------------------------------

.................................................

**¿Con qué frecuencia alienta el corazón?** ¿Qué beneficios tendría para usted y para los demás aumentar la proporción PPN?

-------------------------------------------------

.................................................

-------------------------------------------------

.................................................

-------------------------------------------------

.................................................

-------------------------------------------------

.................................................

**¿Se relaciona personalmente con su equipo?** ¿Qué
podría hacer para demostrar que se preocupa por ellos? ¿Para
perpetuar las historias? ¿Para participar más en las celebraciones?
¿Para crear un espíritu de comunidad?

_____

.................................................

_____

.................................................

_____

.................................................

_____

.................................................

• • • • • • • • • • • • •

❝ [Las celebraciones] son los signos de puntuación que dan sentido al paso del tiempo; sin ellas, no hay comienzos ni finales: la vida se convierte en una sucesión interminable de miércoles❞ .

**DAVID CAMPBELL**,
MIEMBRO DE ALTO RANGO DE CENTER
FOR CREATIVE LEADERSHIP

● ● ● ● ● ● ● ● ● ● ● ● ● ● ● ●

"El liderazgo requiere aprender en el lugar de trabajo. Con la fuerza de voluntad —y el corazón— para continuar, puede marcar el camino".

**CHRISTIAN FUX,**
**COMITÉ INTERNACIONAL DE**
**LA CRUZ ROJA DE KENIA**

# COMPROMETERSE

# Comprometerse

Todo líder excepcional es un aprendiz excepcional.
El desarrollo del liderazgo es un proceso continuo
que requiere práctica.

Muchas destrezas de liderazgo se pueden aprender con éxito
en el aula, pero también aprendemos de otras personas y de
las experiencias. Debemos aprovechar todas las oportunidades
de practicar nuestras destrezas. Podemos fracasar, pero
aprenderemos de nuestros errores..

## OBJETIVOS DEL MÓDULO

Cuando complete este módulo, podrá hacer lo siguiente:

- Identificar acciones a corto y a largo plazo para mejorar en
  una de las cinco prácticas.

- Mantener una conversación con su equipo o gerente para
  compartir sus opiniones del LPI, sus valores y su visión
  para el futuro.

# Una conversación sobre mi visión y mis valores

MI VISIÓN

MIS VALORES

# Hoja de ejercicios: Identificar mis metas

**1.** **Revise las notas que tomó en este cuaderno y piense en las ideas que sacó de las conversaciones y las actividades.** Luego seleccione UNA de las cinco prácticas en la que desea concentrar el desarrollo de su liderazgo durante los próximos treinta días (en el corto plazo, medidas inmediatas que puede tomar no bien termine el taller) y en los próximos noventa días (medidas a un plazo más largo que requieren algo de preparación).

**Práctica en la que concentrarse:**

------------------------------------------------

**A continuación, le presentamos una plantilla útil para pensar en sus metas:**

**"En** [período]**, voy a** [mejorar, aumentar, disminuir o eliminar _____ ] **de modo que** [describa el beneficio para usted y para la organización]**. Mi éxito se medirá en** [describa resultados tangibles u observables]**."***

------------------------------------------------

· · · · · · · · · · · · · · · · · · · · · · · · · · · ·

------------------------------------------------

· · · · · · · · · · · · · · · · · · · · · · · · · · · ·

------------------------------------------------

*Reimpreso de *The Six Disciplines of Breakthrough Learning* (p. 91) de C. Wick, R. Pollock, A. Jefferson, y R. Flanagan. Publicado por Pfeiffer, Una imprenta de Wiley, 2006.

**2.** Identifique metas a corto y a largo plazo para mejorar la práctica de liderazgo que ha elegido. Piense en el motivo por el cual seleccionó esas metas en particular y decida qué medidas específicas tomará para lograrlas.

## METAS A CORTO PLAZO (EN TREINTA DÍAS):

**META**

**MOTIVOS DE LA SELECCIÓN**

**MEDIDAS PARA LOGRARLA**

# METAS A LARGO PLAZO (EN NOVENTA DÍAS):

## META

## MOTIVOS DE LA SELECCIÓN

## MEDIDAS PARA LOGRARLA

¿Qué aspectos específicos de su desafío resolverá si cumple esas metas?

------------------------------------------------------

......................................................

------------------------------------------------------

......................................................

------------------------------------------------------

¿Qué aspectos de su desafío requerirán más trabajo?

------------------------------------------------------

......................................................

------------------------------------------------------

......................................................

------------------------------------------------------

**Si cumple esas metas, ¿en qué lo ayudará a resolver su desafío de liderazgo actual?**

**Si seleccionó un desafío vinculado a metas de un equipo en particular o de la organización, ¿cómo se conectan las metas individuales que seleccionó?** ¿Cumplir sus metas individuales ayudará al equipo o a la organización a cumplir las suyas?

------------------------------------------------------

......................................................

------------------------------------------------------

......................................................

------------------------------------------------------

# Hoja de ejercicios: Planificar una conversación con su equipo o su gerente

**Use esta hoja de ejercicios para planificar una conversación durante la cual compartirá con su equipo o su gerente lo que ha aprendido acerca de usted como líder y qué medidas piensa tomar.**

¿Con quién tendrá esta conversación?

---------------------------------------------------

...................................................

---------------------------------------------------

¿Cuándo y dónde la tendrá?

---------------------------------------------------

...................................................

---------------------------------------------------

...................................................

---------------------------------------------------

¿Qué dirá para comenzar la conversación?

---------------------------------------------------

...................................................

---------------------------------------------------

...................................................

---------------------------------------------------

...................................................

¿Qué temas clave se tratarán?

---------------------------------------------

.............................................

---------------------------------------------

.............................................

---------------------------------------------

.............................................

¿Cómo cerrará la conversación?

---------------------------------------------

.............................................

---------------------------------------------

.............................................

---------------------------------------------

.............................................

¿Qué hará para hacer un seguimiento de la conversación?

---------------------------------------------

.............................................

---------------------------------------------

.............................................

---------------------------------------------

.............................................

# Modelo de temario

**1.** Saludo.

**2.** Por qué le(s) pedí reunirnos aquí.

**3.** Lo que aprendí sobre liderazgo y sobre mí.
(Valores y lecciones aprendidas sobre mis capacidades de liderazgo a partir de las opiniones del LPI y del taller).

**4.** Mis ideas sobre una visión y valores compartidos para este equipo. (Proyecto, programa, comunidad, organización).

**5.** Qué planifico lograr. (Mis metas a treinta y noventa días y las medidas que voy a tomar para lograrlas).

**6.** Su opinión sobre lo que estuve diciendo: ¿Qué piensa sobre todo esto?

**7.** Próximos pasos. Algunas actividades que podemos hacer en torno a los valores, la visión y otras sugerencias que pueda tener. (Organizar la próxima reunión del equipo).

**8.** "Aprecio sus comentarios y opiniones y... gracias".

# Contraer el compromiso

**1.** **Verifique cuán realistas son sus planes de desarrollo: ¿Son claros?** ¿Tienen sentido? ¿Hay otras ideas o sugerencias que quizá no haya considerado?

---------------------------------------------

.............................................

---------------------------------------------

**2.** **Prometa a sus colegas que tomará estas medidas.**

**3.** **Programe al menos dos reuniones presenciales o telefónicas durante las cuales se hable de lo que hizo cada uno, qué sucedió, lo que aprendieron y lo que harán a continuación.**

**Fecha y hora de la primera reunión** (dentro de unos **treinta días**):

---------------------------------------------

.............................................

---------------------------------------------

**Fecha y hora de la segunda reunión** (dentro de unos **noventa días**):

---------------------------------------------

.............................................

---------------------------------------------

Nombre del colaborador en el compromiso:

------------------------------------------------

Número de teléfono:

------------------------------------------------

Dirección de correo electrónico:

------------------------------------------------

Firma del colaborador en el compromiso

------------------------------------------------

# Su viaje de liderazgo

**Le deseamos éxito y júbilos continuos en su viaje de liderazgo.**

**JIM KOUZES**

**BARRY POSNER**

Demostramos nuestro compromiso con convertirnos en mejores líderes —o, en todo caso, en hacer todo lo posible— cuando hacemos tres cosas:

- Elegimos libremente las medidas

- Decimos públicamente lo que vamos a hacer.

- Hacemos que sea difícil retractarnos del compromiso con esas medidas.

Eso es lo que hizo en este módulo. Ha elegido libremente las metas que quiere lograr y las medidas que va a tomar para lograrlas. Hizo una declaración pública a al menos una persona sobre lo que va a hacer. E hizo que le resulte difícil retractarse del compromiso firmando su declaración de compromiso y programando un momento para hablar de lo que hizo.

Pero la verdadera prueba de su compromiso viene cuando se va del *Taller The Leadership Challenge®*. La verdadera prueba es si "hace lo que dice que hará" cuando vuelva a su organización. Su credibilidad personal se fortalecerá en el momento en que tome la primera medida para aplicar lo que aprendió aquí.

# ¿Qué sigue?

Como el desarrollo eficaz del liderazgo no es un suceso sino un proceso continuo, hemos diseñado una gran variedad de recursos de apoyo para que los líderes continúen con su desarrollo en las cinco prácticas después del *taller The Leadership Challenge®*. Recursos:

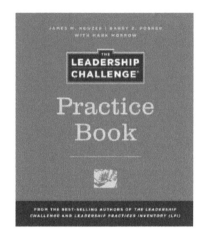

## LIBRO DE PRÁCTICA DE THE LEADERSHIP CHALLENGE

Para ayudar a los líderes a usar activamente y mejorar sus destrezas de liderazgo en cada una de las cinco prácticas todos los días, el libro de práctica orienta a los líderes en las actividades cotidianas que pueden poner en práctica en el trabajo e incluye hojas de ejercicios y cuadrículas para registrar las actividades de práctica.

*El libro de práctica, Leadership Challenge Practice Book,* está disponible en PDF en la plataforma de LPI. Se otorga una licencia de acceso y uso para esta herramienta de desarrollo a cada usuario del LPI. Comuníquese con su administrador de LPI para obtener el acceso.

## LA REEVALUACIÓN DE LPI 360

El liderazgo es un viaje, no un suceso. Una parte importante de su desarrollo continuo como líder es una evaluación regular de cómo le está yendo. Le recomendamos realizar una reevaluación de LPI de nueve a doce meses después del LPI 360 inicial.

# APÉNDICE

# Respuestas

## ORIENTACIÓN

### página 7: Preguntas frecuentes que hacen a los líderes

- ¿Quién es usted?

- ¿Hacia dónde vamos?

- ¿Qué va a hacer?

## CUESTIONAR EL PROCESO

### página 105:
### Ayudar a los demás a asumir riesgos y aprender de los errores

- Recuerde que, para asumir riesgos, la gente se tiene que sentir segura.

- Establezca un mecanismo para evitar que nadie salga herido si fracasan.

- Genere confianza en el equipo.

- Recompense a las personas por arriesgarse.

- Anime a la gente.

- Transmita el mensaje de "¡Pueden hacerlo!".

- Celebre las pequeñas victorias.

- Hable de lo que funcionó/está funcionando, qué no funcionó/no está funcionando, qué se debía/debe hacer diferente y cómo mejorar la próxima vez.

- Sea un ejemplo para los demás.

## **página 129:** Cómo dar más control a la gente

- ■ Comparta información.

- ■ Haga participar a la gente en las decisiones que afectan su trabajo y su vida.

- ■ Permita que sigan su criterio para tomar decisiones.

- ■ Respalde a las personas cuando toman una decisión.

- ■ Asigne tareas no habituales.

- ■ Elimine los obstáculos.

- ■ Elimine reglas no esenciales.

- ■ Haga que la gente hable sobre sus metas, sueños y planes para el futuro.

# Sugerencias para ser un mejor líder

## MODELAR EL CAMINO

- Al final de cada día, pregúntese: "¿Qué hice hoy que demuestra uno de mis valores fundamentales? ¿Qué hice hoy que pudo haber enviado la señal de que no estaba comprometido con ese valor fundamental? ¿Qué puedo hacer mañana para encarnar un valor fundamental?".

- Para cada proyecto que dirija, establezca metas claras, haga planes y establezca hitos.

- Si realizó la actividad de la nota con el mantra (*Credo Memo*), pegue la nota con el mantra en la puerta de su oficina o al lado de su cubículo, donde sea visible para los demás. Invite a la gente a que se detenga a leerla y tenga una conversación con usted al respecto.

- Si completó la actividad de nota con el mantra, vuelva a leer la nota dentro de seis meses. Pregúntese si hay algún valor que agregaría, eliminaría o modificaría.

- Pida a los otros integrantes del equipo que escriban su mantra y lo compartan en una de las reuniones del equipo.

- Pida a los integrantes del equipo que lleguen a un consenso sobre los valores que están preparados para encarnar en su trabajo. Si tiene un conjunto de valores de la organización, compare los valores del equipo con los de la organización. Si hay incompatibilidades, resuélvalas.

- Haga algo drástico para demostrar su compromiso con un valor del equipo. Por ejemplo, si uno de los valores es la creatividad, lleve a todos a comprar juegos de niños y dedique un par de horas a jugarlos. Luego dedique una hora a hablar sobre lo que aprendieron sobre la creatividad que se podría aplicar a su propio trabajo o a la organización.

- Cada tanto, intercambie lugares con uno de los empleados. Es una excelente manera de obtener observaciones sobre lo que piensan otros acerca de lo que hace usted (y dar su opinión a otra persona).

- Haga lo que dice que hará (DWYSYWD). Mantenga a mano su organizador diario o calendario. Escriba sus promesas a medida que las vaya haciendo y fije una fecha para cumplirlas.

- Lleve un registro de cómo emplea el tiempo. Revise si sus acciones son coherentes con los valores del equipo. Si encuentra incongruencias, fíjese qué debe hacer para que las acciones sean coherentes con los valores.

- Elabore una lista de preguntas que puede hacer para averiguar si los miembros de su equipo encarnan los valores del equipo. Haga estas preguntas en las reuniones de personal. Por ejemplo, pregúnteles qué hicieron la semana pasada para asegurarse de que su trabajo fuera de la mejor calidad.

- Concéntrese en las cosas pequeñas —no solo en las grandes— para que la gente sepa que valora la calidad de su vida laboral. Reparar una gotera en el techo es tan importante como construir un edificio nuevo hermoso.

- ¿Cuáles son las "goteras en el techo" de su organización y qué puede hacer para repararlas?

- Busque oportunidades de hablar con los demás sobre sus valores y convicciones. Ponga los valores en el temario de las reuniones junto con el presupuesto y el calendario, y hable de los valores cuando planifica los proyectos.

- Haga visibles las decisiones. Use un tablero de anuncios en una ubicación central para publicar recordatorios sobre las decisiones del equipo. Mantenga el tablero actualizado con información sobre el progreso.

- Sea expresivo (incluso emotivo) acerca de sus convicciones. Si está orgulloso de personas que hacen honor a altos estándares de desempeño, hágaselo saber. Luego haga alarde de lo que hicieron.

- Cuente historias sobre personas que encarnan los valores de maneras memorables.

- Mire la película *Gandhi* con algunos colegas. A continuación, hablen de cómo Gandhi dio un ejemplo para sus seguidores.

- Elija otro líder famoso que considera un ejemplo. Aprenda lo que pueda de esa persona leyendo una biografía o mirando una película sobre ella. Tome notas sobre lo que aprendió.

- Visite una tienda minorista que sea reconocida ampliamente por su extraordinario servicio al cliente. Mire y escuche lo que hacen y dicen los empleados de la tienda. Haga compras allí para ver cómo lo tratan. Entreviste a algunos empleados sobre lo que hizo la tienda para llegar a tener esa reputación estelar.

- Lea un libro de la lista recomendada para Modelar el camino (véase el sitio web).

## INSPIRAR UNA VISIÓN COMPARTIDA

■ Conviértase en un futurista. Únase a la World Futures Society. Lea *American Demographics* u otras revistas sobre las tendencias futuras. Busque en internet una conferencia sobre "futuros" a la que pueda asistir. Haga una lista de lo que predicen personas prestigiosas para los próximos diez años.

■ Cada semana, piense en algo que puede hacer para aclarar el tipo de futuro que le gustaría crear juntos.

■ Establezca un proceso para anticipar y pronosticar las futuras tendencias.

■ Busque constantemente maneras en las que puede obtener aportes de otras personas sobre su visión, y anime a los demás a visualizar un futuro motivador y ennoblecedor.

■ Mantenga una lista de los miembros de su equipo. Identifique las personas a las que no se ha acercado todavía y piense cómo puede saber más sobre sus esperanzas y sueños.

■ Dedique tiempo al menos una vez por mes a hablar sobre el futuro con sus empleados. Incluya su visión del futuro en una reunión de personal, un almuerzo laboral, las conversaciones al lado del dispensador de agua, etc.

■ Lea la biografía de un líder visionario. Tome notas sobre la manera en que la persona comunicó su visión y consiguió que otras personas la compartieran.

■ Únase a Toastmasters o tome un curso sobre presentaciones eficaces para aprender a comunicar su visión con más eficacia.

■ Pregúntese: "¿Estoy en el trabajo para hacer algo o para que algo se haga?". Haga una lista de lo que quiere lograr mientras está en su trabajo actual y por qué.

■ Visualice cómo será realizar su visión. Repase mentalmente este panorama con frecuencia.

■ Lea su discurso sobre la visión a alguien que pueda hacer una crítica constructiva. Hágale estas preguntas: "¿El discurso es imaginativo o conservador? ¿Es único o común? ¿Evoca imágenes visuales? ¿Está orientado al futuro o al presente? ¿Ofrece una visión que pueden compartir otros?".

■ Reduzca su visión a una frase corta de cinco a diez palabras que capture su esencia.

■ Vuelva a leer y ajustar su visión regularmente. Piense en sucesos del mundo, tendencias en su empresa y cambios en su vida que pueden afectar su visión.

- Busque CD, cintas, *podcasts* y videos de discursos famosos de líderes que han inspirado una visión compartida. Aprenda todo lo que pueda de los maestros. Mantenga un diario con notas de lo que puede usar.

- Entreviste a un redactor de discursos. Pídale que le cuente sobre los métodos que emplea para construir un discurso inspirador.

- Lea un libro de la lista recomendada para Inspirar una visión compartida (véase el sitio web).

## DESAFIAR EL PROCESO

- Al menos una vez por mes, dedique tiempo a pensar qué oportunidades estimulantes, nuevas experiencias, asignaciones de trabajo, tareas, podría buscar para poner a prueba sus destrezas y capacidades. Busque oportunidades de pedir tareas difíciles.

- Al menos una vez por mes, identifique algo que pueda hacer para cuestionar la manera en la que se hacen las cosas —el *statu quo*— en el trabajo. Por ejemplo, piense en qué innovaciones de productos o procesos servirían para que mejore su organización. Luego tome la iniciativa para hacer que suceda el cambio.

- Haga una lista de todas las tareas que realiza. Para cada tarea, pregúntese: "¿Por qué estoy haciendo esto? ¿Por qué lo hago de esta manera? ¿Se puede eliminar esta tarea o hacerla de una manera considerablemente mejor?

- Examine cada política y procedimiento en su organización o unidad. Pregúntese: "¿Por qué hacemos esto de esta manera?". Si la respuesta es "Porque siempre lo hicimos así", pregúntese: "¿Cómo está contribuyendo a que seamos lo mejor que podamos?". Si no se le ocurre ninguna respuesta satisfactoria, elimine o mejore considerablemente el proceso o procedimiento de modo que contribuya.

- Cada un par de semanas, salga a buscar ideas. Visite un negocio local —cualquiera, desde un restaurante hasta un taller de maquinaria— con un colega. No regrese hasta que vea una práctica que hace muy bien un negocio que su empresa podría y debería copiar. Luego haga lo que pueda para implementarla.

- Al menos una vez por mes, asuma un riesgo. Luego, tómese el tiempo para reflexionar sobre los resultados.

- Cuando cometa un error, pregúntese: "¿Qué aprendí?". Hable sobre el error y lo que aprendió con al menos una persona.

- Busque oportunidades regularmente para animar a otros a que experimenten, asumen riesgos y aprendan de los errores que se cometan en el camino.

- Cuando comienza un proyecto, trabaje con su equipo para dividirlo en partes manejables.

- Inscríbase en una clase, curso o taller sobre un tema sobre el que no sabe nada.

- Comience su próxima reunión de personal con esta pregunta: "¿Qué medida tomaron la semana pasada para que esta semana el desempeño sea todavía mejor?". Siga haciendo esta pregunta durante al menos tres reuniones seguidas a fin de que todos sepan que se toma en serio la mejora continua. A propósito, esté preparado para responder esa pregunta usted mismo en cada reunión.

- Realice una reunión con los empleados y pregúnteles qué les molesta realmente sobre la organización o unidad. Comprométase a cambiar tres de los puntos mencionados con más frecuencia que obstaculizan el éxito. Repita este proceso cada tres meses aproximadamente.

- Busque algo que esté roto y repárelo. ¿Es su calculadora o su sistema retributivo? Busque algo que no está roto pero debería estar. Rómpalo.

- Emprenda un proyecto piloto para una manera innovadora de hacer algo: un nuevo método de comercialización, un nuevo proceso de admisión, un nuevo procedimiento, nuevo software que haga que todos sean más eficaces. Pruébelo primero a pequeña escala. Aprenda de esa prueba. Siga probando.

- Recompense a los que asumen riesgos. Elógielos. Entrégueles premios. Deles la oportunidad de hablar sobre su experiencia y compartir las lecciones. Es un éxito asegurado.

- Identifique a algunas personas exitosas en su organización u otras organizaciones que sobresalgan en desafiar el proceso. Entrevístelas para preguntarles cuáles piensan que son los ingredientes de la innovación y la experimentación. Pregúnteles cómo "se salieron con la suya" con el cuestionamiento del *statu quo*.

- Lea biografías sobre un par de revolucionarios en negocios, ciencias, política, religión o cualquier iniciativa. Aprenda lo que pueda de los relatos de su vida. Anote lo que puede usar en su diario.

- Lea un libro de la lista recomendada para Desafiar el proceso (véase el sitio web).

## HABILITAR A LOS DEMÁS PARA QUE ACTÚEN

- Piense en las maneras en las que se planifican los proyectos y se toman las decisiones en su organización. Luego piense en varias medidas que puede tomar para convocar a otros a que participen en el proceso de planificación y toma de decisiones.

- Piense en varias cosas que puede hacer para forjar relaciones cooperativas con personas de su grupo de trabajo y con persona de otras partes de la organización.

- Realice una reunión en la que las personas de su equipo intercambien ideas sobre cómo tratar a los demás con verdadero respeto y crear un clima en el que se muestre respeto mutuo.

- Hable cara a cara con los integrantes de su equipo para determinar qué tipo de apoyo y orientación les gustaría recibir de usted y qué oportunidades de capacitación necesitan. Busque maneras de conectar a las personas con los recursos que necesitan: otras personas, materiales, financiamiento, capacitación, información, etc.

- Aumente las oportunidades de interacciones interdisciplinarias o entre organizaciones. Establezca áreas de reuniones comunes que fomenten la interacción entre las personas. Traiga a un colega de otra área o equipo a la próxima reunión. Programe un almuerzo para dos grupos que no pasan mucho tiempo cara a cara.

- Haga una lista de todas sus tareas, obligaciones y responsabilidades. Identifique las que debe hacer usted mismo y las que podría delegar a otros. Luego, delegue: asegúrese de brindar los recursos y el apoyo necesarios a las personas a quienes delega. Delegue el trabajo y la responsabilidad.

- Cuando llega un proyecto a su escritorio, organice una reunión de planificación con todos los que participarán.

- Comprométase a reemplazar "yo" por "nosotros" durante al menos las próximas dos semanas. Es apenas una muestra de compromiso con el trabajo en equipo y con el intercambio, pero lo notarán y valorarán.

- Nunca use la palabra "subordinado". Use "asociado" o "miembro del equipo".

- Cuando se deba hacer algo, pida voluntarios. Cuando da a las personas la posibilidad de elegir ser parte de lo que está sucediendo, es mucho más probable que se comprometan.

- Evalúe los tipos de trabajo que asignó a los integrantes de su equipo. ¿Todos tienen algo importante para hacer? Si no, reasigne las responsabilidades. Por ejemplo, organice las tareas de modo que todos los del grupo trabajen con los clientes.

- Demuestre respeto y confianza preguntando a sus compañeros de trabajo qué opinan y comentándoles los problemas que tiene de manera regular.

- Cuando comete un error, admítalo abiertamente. Cuando no sabe algo, diga: "No sé". Muestre que está dispuesto a cambiar de opinión cuando alguien plantea una buena idea.

- Agrande la esfera de influencia de la gente. Asegúrese de que las tareas delegadas sean relevantes para la empresa. Incremente la capacidad de tomar decisiones de las personas y elimine pasos de aprobación innecesarios.

- Mantenga a la gente informada. Cuanto más sepan sobre qué sucede en la organización, más se esforzarán para asumir la responsabilidad y obtener resultados extraordinarios.

- Semanalmente, comparta información sobre cómo le va a su unidad en términos del logro de las metas. La gente quiere saber cómo están las cosas. Esta información les hace sentir que tienen más poder.

- Aumente considerablemente la autoridad de firma de las personas. Cuando se encomienda a alguien que gaste el dinero de la organización responsablemente, se siente más en control de su propia vida laboral.

- Ofrézcase como voluntario para liderar una asociación profesional, civil o industrial. Trabajar con voluntarios le enseñará destrezas colaborativas y le dará oportunidades de aplicarlas.

- Contrate un instructor personal que lo ayude a mejorar en una práctica específica de liderazgo o un deporte en particular. Preste atención a los métodos y técnicas del instructor y luego pruebe algunos con los miembros de su equipo.

- Elija a alguien de su organización a quien se conozca como "sociable". Acompañe a esa persona y obsérvela interactuar con otros durante unas horas. Pídale consejos sobre cómo mejorar.

- Lea un libro de la lista recomendada para Habilitar a los demás para que actúen (véase el sitio web).

## ALENTAR EL CORAZÓN

- Piense en tres cosas pequeñas que puede hacer para recompensar a las personas que hicieron algo particularmente bien. Luego recompense esos esfuerzos extraordinarios. No permita que pasen inadvertidos o que no se los felicite.

- Recorra el área de su oficina con el objetivo expreso de encontrar a alguien mientras hace algo que ejemplifique los estándares de la organización. Busque una manera de reconocer a esa persona en el acto.

- Identifique bonificaciones e incentivos que pueda usar para animar y recompensar a la gente por un desempeño excepcional.

- Pregúntese cuál de los integrantes de su equipo encarna mejor sus valores y prioridades. Piense en tres maneras de destacarlos en las próximas semanas, para felicitarlos y recompensarlos.

- Describa tres eventos o ceremonias que podría aprovechar para dar premios individuales.

- Cree un "salón de la fama" para colaboradores individuales.

- Cuente una historia pública sobre una persona en su organización que fue más allá de sus obligaciones.

- Realice una reunión del equipo en la que se intercambien ideas sobre cómo reconocer los logros de los demás.

- Identifique el próximo hito que está por alcanzar su equipo. ¿Qué harán para celebrarlo?

- Piense en tres cosas que puede hacer para alentar el corazón en las reuniones regulares.

- Dedique un día al año al Día de Celebración de su equipo. Planifique una fiesta o evento especial para ese día.

- Convertir en héroes a otros. Divulgue el trabajo de los integrantes del equipo. Destaque a por lo menos una persona por día. ¿A quién destacará primero?

- Piense en maneras innovadoras de reconocer y recompensar a las personas. Por ejemplo, dé una bombilla de luz gigante a la persona que tenga la mejor idea del mes, o un bombón de chocolate en forma de beso a la persona que haga que la oficina funcione con más "dulzura". Adapte las ideas a su equipo.

- Diga "gracias". Escriba por lo menos diez notas de agradecimiento y de "me alegraste el día" por semana para elogiar por trabajos bien hechos. Si no encuentra diez cosas para elogiar, siga buscando.

- Dé a la gente herramientas que puedan usar para reconocerse entre sí, como fichas o blocs de notas con el mensaje "Me alegraste el día" impreso. Cree una cultura en la que los pares se reconozcan entre sí.

- Proporcione comentarios sobre los resultados. Los comentarios son esenciales y, cuanto antes se transmitan, mejor. Sea específico. En vez de decir simplemente "buen trabajo", describa lo que hizo esa persona y por qué fue un "buen trabajo". "Su informe fue tan completo y claro que apenas si tuve que dedicar tiempo a editarlo". "Todos apreciamos el trabajo que hizo para que la reunión se realizara sin problemas".

- Implíquese personalmente. Asista a las fiestas y celebraciones del personal; si no, transmitirá el mensaje de que no le interesa y no considera que valga la pena perder el tiempo con ellos.

- Pida consejos y asesoramiento a alguien que conoce que sea mucho mejor que usted en esto de alentar el corazón.

- Hable con gente de su organización que tenga la reputación de ayudar a los demás a desarrollarse. Pregúnteles cómo fomentan que los demás se superen.

- Lea un libro de la lista recomendada para Alentar el corazón (véase el sitio web).

- Enamórese de lo que está haciendo. Mantenga viva la magia.

# Consejos para compartir sus opiniones del LPI

Compartir sus opiniones del LPI con los miembros de su equipo —en particular, los que proporcionaron la información de observadores— le da una oportunidad importante de enseñar a sus compañeros de trabajo sobre las prácticas de liderazgo y demostrar su respeto por las opiniones y su compromiso con el equipo.

Con una preparación sólida, una sesión de opiniones será valiosa para usted y para los miembros de su equipo. El hecho de que haga el esfuerzo de compartir sus opiniones del LPI significará mucho para ellos.

## REGLAS BÁSICAS PARA LA SESIÓN DE OPINIONES

Establecer algunas reglas básicas puede servir para que la sesión de opiniones se realice sin problemas y sea más útil para usted y para los demás.

- No debe haber ataques personales ni represalias.

- Debemos centrarnos en los comportamientos, no en las personalidades.

- Se deben conectar los comportamientos con los resultados.

- No deben surgir rumores, acusaciones ni exageraciones.

- Se debe proporcionar información específica y constructiva.

- Se deben incluir opiniones "positivas" y "negativas".

## CONSEJOS PARA RECIBIR OPINIONES

- Haga que sea un proceso de colaboración, no un debate.

- Centre la energía en comprender, no en arreglar.

- Tómese en serio las opiniones. Lleve un anotador y tome notas.

- Haga preguntas ("¿Podría explayarse?"). Solicite ejemplos específicos. Confirme si entendió lo que le dijeron. ("Si no entendí mal, lo que dice es que... ").

- Agradezca a la gente por sus opiniones.

# Otras lecturas para respaldar las cinco prácticas

Para obtener una lista de lecturas actuales que respaldan las cinco prácticas, visite www.leadershipchallenge.com.

# ACERCA DE LOS AUTORES

# Acerca de los autores

**Jim Kouzes y Barry Posner** trabajan juntos desde hace más de treinta años, estudiando a líderes, investigando el liderazgo, realizando seminarios de desarrollo de liderazgo y desempeñándose como líderes en distintas funciones. Son los autores del galardonado libro *The Leadership Challenge*, un éxito de ventas, ahora en su sexta edición. Desde su primera edición en 1987, *The Leadership Challenge* vendió más de dos millones de copias en todo el mundo y está disponible en veintiún idiomas. Ganó numerosos premios, entre los cuales se encuentran el Critics' Choice Award de la crítica literaria de la nación y el James A. Hamilton Hospital Administrators' Book of the Year Award; *Fast Company* lo nombró mejor libro de negocios del año (2012) y se lo seleccionó entre los mejores diez libros sobre liderazgo en la lista de Jack Covert y Todd Sattersten, *The 100 Best Business Books of All Time*.

Jim y Barry escribieron juntos más de una decena de libros galardonados sobre liderazgo, como *The Truth About Leadership: The No-Fads, Heart-of-the-Matter Facts You Need to Know; Credibility: How Leaders Gain and Lose It, Why People Demand It; Encouraging the Heart: A Leader's Guide to Rewarding and Recognizing Others; A Leader's Legacy; The Student Leadership Challenge; Extraordinary Leadership in Australia and New Zealand: The Five Practices That Create Great Workplaces* (con Michael Bunting); *Turning Adversity into Opportunity; Finding the Courage to Lead; Great Leadership Creates Great Workplaces; Making Extraordinary Things Happen in Asia: Applying The Five Practices of Exemplary Leadership* (with Steve DeKrey); y *The Academic Administrator's Guide to Exemplary Leadership*.

También elaboraron el muy aclamado inventario de prácticas de liderazgo (*Leadership Practices Inventory, LPI*), un cuestionario de 360 grados para evaluar los comportamientos de liderazgo, que es uno de los instrumentos para evaluar el liderazgo más utilizados en todo el mundo. Más de setecientos estudios de investigación, tesis doctorales y trabajos académicos han usado el marco de las cinco prácticas de los líderes ejemplares que desarrollaron los autores.

Jim y Barry han recibido el mayor premio de la Association for Talent Development por su distinguida contribución al aprendizaje y el desempeño en el lugar de trabajo. Asimismo, el International Management Council los nombró educadores de gestión/liderazgo del año, estuvieron entre los primeros veinte de la lista mejores 100 líderes de renombre de la revista *Leadership Excellence*, se los nombró dentro de los mejores cincuenta instructores en los Estados Unidos (según *Coaching for Leadership*), estuvieron entre los mejores 100 líderes de renombre en comportamientos confiables de negocios según Trust Across America, se los incluyó entre los pensadores internacionales más influyentes según la revista *HR* y en la lista de los mejores 50 pensadores sobre liderazgo de la revista *Inc.*

Jim y Barry son frecuentes oradores principales, y cada uno ha conducido numerosos programas de desarrollo de liderazgo para organizaciones corporativas y con propósitos específicos en todo el mundo, entre ellas, Alberta Health Services, ANZ Bank, Apple, Applied Materials, Association of California Nurse Leaders, AT&T, Australia Institute of Management, Australia Post, Bain Capital, Bank of America, Bose, Camp Fire USA, Charles Schwab, Chevron, Cisco Systems, Clorox, Conference Board of Canada, Consumers Energy, Deloitte & Touche, Dow Chemical, EMQ Families First, Egon Zehnder, Electronic Arts, FedEx, Genentech, Google, Gymboree, Hewlett-Packard, IBM, IKEA, jobsDB Singapur, Johnson & Johnson, Kaiser Foundation Health Plans and Hospitals, Korean Management Association, Intel, Itaú Unibanco, L.L. Bean, Lawrence Livermore National Laboratory, Lockheed Martin, Lucile Packard Children's Hospital, Merck, Monsanto, Motorola, National Head Start Association, Nationwide Insurance, NetApp, Northrop Grumman, Novartis, Nvidia, Oracle, Petronas, Pixar, Roche Bioscience, Siemens, Silicon Valley Bank, Telstra, 3M, Texas Medical Center, TIAA-CREF, Toyota, United Way, Universal Orlando, USAA, Verizon, Visa, Vodafone, Walt Disney Company, Western Mining Corporation y Westpac. Han dado conferencias en más de sesenta sedes de institutos y universidades.

## JIM KOUZES

Es decano asociado en programas universitarios de liderazgo en la Escuela Leavey de Negocios de la Universidad de Santa Clara y da clases sobre liderazgo en todo el mundo en empresas, Gobiernos y organizaciones sin fines de lucro. Es un académico en materia de liderazgo muy respetado y ejecutivo con mucha experiencia; *The Wall Street Journal* lo citó como uno de los doce mejores docentes ejecutivos en los Estados Unidos. En 2010, Jim recibió el premio Thought Leadership Award de la Instructional Systems Association, el premio más prestigioso otorgado a asociaciones comerciales de formación y proveedores de la industria del desarrollo. Se lo incluyó en la lista de pensadores internacionales más influyentes de la revista *HR* entre los años 2010 y 2012; entre los años 2010 y 2016, estuvo en la lista de los mejores 100 líderes de renombre en comportamientos confiables de negocios según Trust Across America; y recibió el premio Lifetime Achievement en 2015. La Association of Corporate Executive Coaches lo distinguió con el premio International Executive Coach Thought Leader of Distinction en el 2015 y Global Gurus lo seleccionó como uno de los mejores 30 gurús del liderazgo en 2015. En 2006, Jim recibió el Golden Gavel, el honor más grande otorgado por Toastmasters International. Jim se desempeñó como presidente, CEO y director de Tom Peters Company desde 1988 hasta el 2000 y, previamente, dirigió el Centro de Desarrollo Ejecutivo de la Universidad de Santa Clara (1981–1988). Jim fundó el Centro Común para el Desarrollo de los Servicios Humanos en la Universidad Estatal de San José (1972–1980) y formó parte del personal de la Facultad de Trabajo Social de la Universidad de Texas. Su carrera en capacitación y desarrollo comenzó en 1969, cuando dirigió seminarios para el personal y los voluntarios de la Agencia de Acción Comunitaria en la guerra contra la pobreza. Tras su graduación de la Universidad Estatal de Míchigan (licenciatura [BA] con honores en ciencias políticas), fue voluntario del Cuerpo de Paz (1967–1969). Puede comunicarse con Jim escribiéndole a jim@kouzes.com.

## BARRY POSNER, Ph.D.

Es el titular de la cátedra de liderazgo de Accolti en la Escuela Leavey de Negocios de la Universidad de Santa Clara, donde fue decano durante doce años. Fue un distinguido profesor invitado en la Universidad de Ciencia y Tecnología de Hong Kong, la Universidad Sabanci en Estambul y la Universidad de Australia Occidental. En Santa Clara, recibió el premio President's Distinguished Faculty Award, el premio Extraordinary Faculty Award de la escuela y varios honores académicos y de educación más. El International Management Council lo nombró uno de los mejores educadores de gestión/liderazgo de la nación, se lo reconoció como uno de los mejores 50 instructores de liderazgo en Estados Unidos y uno de los mejores 100 líderes de renombre en comportamientos confiables de negocios, estuvo entre los pensadores más influyentes del mundo según la revista HR y la revista Inc. lo incluyó en la lista de mejores expertos en liderazgo y gestión. Barry es un académico y educador reconocido en todo el mundo. Es autor y coautor de más de cien artículos de investigación y destinados a especialistas. Actualmente se encuentra en el consejo consultivo de redacción del *Leadership & Organization Development Journal* y el *International Journal of Servant- Leadership*, y recibió el premio Outstanding Scholar Award for Career Achievement del *Journal of Management Inquiry*.

Barry obtuvo su licenciatura (BA) con honores en ciencias políticas en la Universidad de California, Santa Bárbara; su maestría (MA) en administración pública en la Universidad Estatal de Ohio; y su doctorado (PhD) en conducta organizacional y teoría administrativa en la Universidad de Massachusetts Amherst. Barry asesoró a una gran variedad de organizaciones públicas y privadas en todo el mundo, y también trabajó a nivel estratégico con una gran cantidad de organizaciones comunitarias y profesionales. Fue parte de la junta directiva de EMQ FamiliesFirst, The Global Women's Leadership Network, The American Institute of Architects (AIA), Big Brothers/ Big Sisters of Santa Clara County, The Center for Excellence in Nonprofits, Junior Achievement of Silicon Valley and Monterey Bay, Public Allies, San Jose Repertory Theater, Sigma Phi Epsilon Fraternity, y también en empresas que cotizan en bolsa y empresas emergentes. Puede comunicarse con Barry escribiéndole a bposner@scu.edu.

# Notas

# Notas

# Notas

# Notas

# Notas

# Notas

# Notas

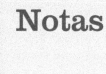

# Notas

# Notas

# Notas

# Notas